東京未來派 2

TOKYO AVANTGARDE

都市偵探的東京漫遊

N to Z

李清志 文字 攝影

推薦序──很久很久以前，在泰晤士河畔，有座城市……

謝哲青──作家、節目主持人

打從羅馬帝國時代開始，這座城市就只在「一哩見方」（Square Mile）的「內城」範圍內發展，在這個區域沒有「路」（Roads）──在傳統定義中，「路」必須有雙向「車道」（carriageways），每個車道必須有一條或複數的「道」（Lanes），兩側還必須有「人行道」（Sidewalk）；也沒有「街」（Street）──在古英語中，它特別指羅馬軍團鋪設的主要幹道，方便軍團在各駐地出入移動。到了中世紀，繁忙的「一哩見方」已沒有任何空間發展，這座城市開始向外伸展，形成今天的「倫敦城」（City of London）。

一六六六年九月二日，星期天晚上，河北岸布丁巷的一家烘焙坊失火，在中世紀狹窄擁擠的巷弄內，火勢一發不可收拾，迅速向四面八方蔓延，最後演變成難以置信的大災難。根據目擊者的描述：「狂暴的烈焰，伴隨著震耳欲聾的爆炸聲……女人、小孩哭嚎尖叫，身旁都是逃命的人……房屋、街坊、教堂、高塔紛紛倒塌……毀滅景象彷彿特洛伊的陷落。」

大火後重建的倫敦城，在克里斯多佛．雷恩（Christopher Wren）的設計主導下，嶄新的倫敦城融合了文藝復興式的和諧與巴洛克式的宏偉，但部分的城區仍保有中世紀式的錯綜複雜，也因此，要弄懂倫敦的歷史與街道，必須有異於常人的「海馬迴」。

時間來到一九三五年，一名年輕藝術家在穿越倫敦城赴約的途中迷了路，當時的地圖過時且不便使用，許多巷弄沒有命名，只有編碼，但未經邏輯性的編排，同時地圖也很大本，不可能攜帶。菲莉絲．皮爾索爾（Phyllis Pearsall）在其中看見了一個偉大的出版計畫。根據文字紀錄，她花了一整年的時間，每天五點起床出門，工作十八個小時，行走距離將近四千八百公里，記錄了超過兩萬三千條大小街道，最後寫成著名的《*London A to Z*》。這本小開本的地圖集，據說總銷售量差不多有六千五百萬冊之多，即使在GPS系統普遍應用的今天，計程車、公共巴士司機仍在使用，衛星導航有時候會出錯，但《*London A to Z*》幾乎沒有問題。

也因為一九三六年所出版的《*London A to Z*》的成功，開啟了「A－Z」的索引式書寫傳統的「白銀時代」。

其實，「A to Z」書寫的「黃金時代」，是由法國啟蒙思想家德尼．狄德羅（Denis Diderot）所創，並由一七六八年所出版《大英百科全書》接續，發揚光大。值得一提的是，曾經為大英百科全書條目撰寫內容的專家名人有愛因斯坦、佛洛伊德、魔術大師胡迪尼，以及其他數十位諾貝爾獎、普立茲獎的得主，一般公認，一九一一年的傳奇版本的大英百科全書最出色。

即使在人腦外掛WiKi與Google的二十一世紀，似乎所有的資料條目唾手可得，百科全書式、索引式的書寫仍然有存在的必要嗎？

答案是肯定的。

所有的文本書寫，不僅需要高度、角度與態度，更需要的，是具有溫度的個人情感。因此，在繪圖軟體盛行的今天，我們需要鄭問，需要幾米；影像泛濫成災的同時，我們需要充滿人情味與同理心的范毅舜。

當然，我們更需要都市偵探李清志，帶我們去體驗、思考與沉醉在建築及城市空間的理性與感性。而A to Z的書寫形式，正是清志老師展現百科全書式知識體系與個人思想向度的最佳形式。

推薦序──用全新的視角來玩東京

杜祖業──《GQ》國際中文版總編輯

我一直覺得在台灣要寫東京主題的書，不是太蠢，就是太勇敢，當然還有極少數太聰明的人。

台灣有太多人是處於「我不在東京，就在往東京」的路上，太多人對新宿哪條路有好吃的燒鳥、澀谷哪條巷有很棒的甜甜圈，熟門熟路的程度遠超過對基隆、彰化或對台東的瞭解。

是的，打從二十幾年前我第一次踏足東京，我對這城市著迷的程度就被身邊朋友視為東京通，有人甚至站在東京街頭，不知該去哪逛，而發求助訊息給我。但最近我愈來愈覺得自己不夠瞭解東京，或者說，我瞭解的部分太局限了，比起倫敦、巴黎和紐約這些大城，二十三個區的東京不僅幅員廣大，更恐怖的是有意思的點遍布各地，光是巡一下舊愛就占滿了時間，以致於難識新歡。久而久之，我的東京行雖然還是精采，但欠缺新意，讓我每次離開東京都有種莫名的失落感。

像我這樣直接從日本雜誌吸收新知的人，通常對台灣作者寫的東京書興趣不大，要比速度、豐富度都不是對手，但當我打開出版社寄來清志老師書的檔案，看到A to Z的目錄，不由得眼睛為之一亮，終於有人挑戰了這座山峰，A to Z對編輯來說是件麻煩事，為了湊齊二十六個字母傷透腦筋，但在這煩人的過程中，會壓榨出更多原本平鋪直敘不會出現的靈感。

我不想把清志老師的書當作旅行指南，我覺得它更像是提醒大家東京是如此廣闊、浩瀚的告示牌，不該老是封閉在自己習慣的路線，打開心胸、扔掉行程計畫，用全新的視角來玩東京，才不辜負這座很可能是全世界最精采的城市。

推薦序——一艘穿梭東京小宇宙的時光機

李明璁—作家、自由學者

因為研究興趣，我從二十年前便開始系統性地觀察在台灣各種有關東京的出版品，做為一個理解整體「哈日」趨勢的關鍵切點。比如九〇年代台灣年輕人對「東京」的凝視想像，大多與日劇的場景再現有關；而在千禧年後「韓流」（及其翻新的首爾意象）逐漸崛起同時，「東京」反倒進一步深植進我們日常生活的各個角落。

於此脈絡中，清志老師對東京建築與日式美學的細緻引介，帶領台灣大眾從哈日邁向「知日」、進而反思本土空間文化，一直扮演重要角色。清志的作品之所以迷人，關鍵就在於知識豐厚卻又趣味盎然。也因此在各種講座場合，不難發現他的讀者分佈極廣，不僅男女老少皆有，也常見專業人士與一般大眾共聚聆聽。

這本新書光是從A to Z的編輯構成，就可看出清志的巨大企圖——希望編寫一本跨越時空背景與融合多元事物的東京關鍵詞字典。能有如此博學的歸納功夫，以及處理圖文的審慎態度，基本上就已達成某種「日本性」的實踐表現。也因此，無論你是哪一類型的讀者，都能輕易找到共鳴入口，展卷愉悅地說：「真是有趣、真是好看啊。」

在「平成」已近尾聲、奧運就快來臨，日本又將邁入嶄新時代的此刻，清志老師精心建造了這艘穿梭東京小宇宙的時光機，絕對要來搭乘一趟。

推薦序｜東京——持續演化增幅的「未來」之都

謝宗哲｜日本東京大學建築博士

結束東京留學生涯回到台灣已經有十二年了。但是實際上，我從來沒有「回來」的問題。因為那是個讓你一旦經歷過這個都市，就永遠難以割捨、心手相連的所在。因此，一年中，總要去個幾次，讓自己的日常生活也能夠與東京同步，才覺得日子沒有白過。甚至只是下了飛機、搭上地下鐵，就能夠與在那裡的一切再次聯繫上，連呼吸都變得自在。

對於東京最初的印象，我記得是小學五年級看《哥白尼21少年兒童科學雜誌》時所看到的、由日本建築巨匠丹下健三所提出的「東京計畫一九六〇」。這個在東京灣上建立人工島嶼、解決東京都人口爆炸的這個極具前衛性的未來世界計畫，震撼了依然懵懂的我，不僅讓我見識到東京在一九六〇年代就擁抱的關於未來的想像，更是啟蒙我打開探索未來之視野的契機。至於從孩提時代起就忠實收看的日本動畫，以無敵鐵金剛等機械人系列開始，一直到星際系列的宇宙戰艦與超時空要塞等等，則早就帶領少年，在他的腦海裡不斷上演著早已遠離苦悶現實生活與寂寞時光中一趟又一趟的驚奇未來之旅了。

我的東京「未來」初體驗

我一直都還記得九八年短暫待在東京日本語學校的短期留學期間，在某個週末假期的都市漫遊記憶。我搭著在村上小說《地下鐵事件》中登場的銀座線，從澀谷前往新橋，首次從那裡轉車準備搭乘東京灣岸線列車「百合海鷗號」。從入口乘上很長很高的電扶梯，上到漂浮在半空中的月台，這個非日常的空間體驗，揭開了這場夢之冒險的序幕，伴隨著人潮走進宛如太空船艙的銀色列車，然後就彷彿曾經在兒時所看到的動畫《銀河鐵道999》中所看過的那樣，整架列車在緩緩地啟動後陸續穿越汐留的超高層建築群，再繼續經由宛如在天空裡的軌道駛上彩虹大橋，飛躍東京灣，在注視著整個東京都天際線與海岸的過程中，登陸位於東京灣台場的這個如同置身未來世界般的臨海副都心。在這樣的震撼與感動中，我不僅看到了在那當下所呈現的未來，更在心裡堅定地對自己訴說這就是長久以來自己所渴望的應許之地，做出了總有一天要來到這個地方展開自己人生的重要宣告。

另一個建築奇遇則是我帶著東京建築地圖，首先來到了甫完工不久的Tokyo Forum。它座落在昔日的東京舊都廳基地上，是泡沫經濟時代下重金打造的公共建築，裡頭包含了四個劇場與巨大的地下展示空間，以及一個超大尺度的室內挑空大廳，幾可媲美中世紀宛如神與人們同在般的哥德式教堂規模；而懸浮在屋頂的則是個宛如船形骨架的梭形結構，置身當中就彷彿搭乘了太空船所作的星際漫遊。這兩大建築構造體之間挾著一條種滿著樹的開放空間與供人們步行穿越的都市廣場，創造出一個非常討喜而帶有某種安堵與親密感的內街廓空間。劇場空間與地下商店街的內裝大量使用金屬部材，更增添一份讓人們宛如穿越時空、抵達未來世界的錯覺。我那時候總喜歡帶著書在那當中的Café用餐，並在這個彷彿置身太空船艙裡的氛圍裡享受寧靜與安息，並馳騁於對屬於自己未來的點點滴滴想像當中。附帶一提的是，我在二〇〇二年所出版的第一本翻譯著作《安藤忠雄的都市徬徨》這本書，就是在Tokyo Forum的書店邂逅的，現在回想起來，這棟「未來式的建築」還真的為我打開了通往明日的門扉呢。

東京的未來群像：星際巡航的、古典摩登的、原始前衛的未來

我後來總算如願以償來到東京展開留學生涯，我首先入住在神奈川縣閑靜的郊區住宅，甚至房子後方有著田園的牧歌式風光景致，不過巧的是我每天通勤前往位在小田急線東北沢站的東大生產技術研究所，本身就是原廣司教授所設計的一棟具有High-Tech況味的、宛如宇宙戰艦般的長形新建築，每天的研究室生活又再次融入到太空漫遊的境地裡。另一方面，是二〇〇二年東雲住宅啟用、二〇〇三年東京的六本木之丘正式開幕，直接呈現了二十世紀初柯比意所提示之垂

直都市構想與可行性，揭開了屬於東京之都心居住的未來生活景象；而我後來也曾搬到位於台場的外國留學生宿舍，在生活的日常中真實體驗到柯比意昔日光輝城市的想像。那些光景，一直到現在都還依然鮮明地映照在我的腦海。那或許是我曾經最真實靠近過的「未來」了吧。

這些年來我未曾停止過持續「回到」東京，而關於東京的未來進展也同樣未曾停歇與止息過。例如9HR的太空艙式膠囊旅館無疑就繼承了代謝派健將黑川紀章的中銀膠囊大樓住宅，是屬於膠囊居住空間的更新加強版；然而，東京的未來也有其獨特的面向與品味，除了從明治維新以來的那套脫亞入歐的路數，為人所津津樂道的，便是日本也習於從自己的傳統與過去中找到另類通往未來的取徑，例如前一陣子沸沸揚揚的二〇二〇東京奧運國立競技場事件，最後在強勢的「歸零重來」的二次競圖之後，便由隈研吾的木構造和摩登設計提案凌駕伊東豊雄的方案，取代了原本建築女帝札哈．哈蒂（Zaha Hadid）的那棟帶有前衛流線造型的混凝土與金屬結構的建築，走出屬於東京的、日本自己的既原始又未來的一條路。

深愛東京如我，或許一直到生命的盡頭，我都會捨不得闔眼地持續凝視著屬於這個都市的姿態與容顏吧。因為東京，是個有著「未來」持續上演、永不落幕的「未來」之都。

推薦序—我的東京A起點

米力—視覺設計師

都市偵探清志老師的A→Z東京建築地圖，我開了一台PAD、一台電腦，一面跟著老師的腳步鑽入各車站下來的路徑，一面把建築名稱或建築師名字貼到Google，順便看看地圖上的位置和建築師的相關文章，「哇，這樣啊！」「原來如此。」

二〇一五年六月因參加了《新天堂美術館》新書發表會而認識了清志老師，老師真的是我的建築旅行的啟蒙者，以往我為了工作去東京多是看雜貨看潮流趨勢，現在則多了看建築設計，這是完全不同的領域，但不失其連結性，說到底日本這個民族總有與時俱進的能力，將過去的傳統融入現在和未來的設計，領導趨勢的能力讓人佩服不已。

每個人都有一份東京的A起點，而我人生第一個踏出國門到的地方就是東京，也借此分享我的A起點。

一九八九年十九歲，跟著公司的前輩們來到東京出公差，所謂的出公差其實就是逛遍所有筆記本上標註的重要地標和商店，然後把兌換成日幣的出差金採買到淋漓盡致，目的是需用力吸飽最新的設計裝入腦袋帶回去。

「我們是來開眼界的，得了解日本現在的市場概況。」上司說（後來我也是這樣提醒後輩）。

新宿東口的ALTA百貨成為我看到東京的第一個窗戶，你可能會說這不是特別的建築啊？但它讓我發掘自己有記住方向和各種事物連結性的天賦（笑），藉此啟發後來一連串開始寫雜貨寫陶藝的路徑的前因。

所以現在是從過去裡發生的。

我的A起點

就光說ALTA百貨門口總有一些臨時的活動攤位，售貨人員總穿著切合主題的裝扮招攬人們的目光。這是粉紅色原宿的縮小版吧！B1和一樓總塞滿各種爆炸性的小可愛，對於一個直到十七歲才知道西門町有萬年的人來說，ALTA百貨已經是奇幻的世界。這種小可愛令人快速中毒。

ALTA百貨左手邊過去的百貨商圈和銀座的等級差不多，後來一九九一年改裝後的伊勢丹百貨店總門庭若市，成為首屈一指的大型百貨改造成功的經典範例，它回到了七〇、八〇年代全家一起逛百貨公司的那種期待興奮，各種策展式的主題也刷新了商業模式的窠臼，「就像遊樂場吧！」當時的執行長大西洋先生說。而本身也是一棟富有歷史感的優雅建築，訴說著百年故事。

ALTA百貨右手邊鐵道下有個秘密通道可通往西口（很多人不知道），舊青梅街道有一小段的風景成為日後我來日本常去的地方。但馬屋咖啡店十點就開始營業，是可以在裡面抽菸的老派咖啡店。如當天要飛回台北，我會選擇待在這裡畫圖，沒有約束的抽著菸、喝咖啡，很能啟發靈感。

「思い出横丁」有著一攤接一攤異常密集的傳統屋台，燒烤店和拉麵店在夜幕低垂時分總擠滿來吃飯聊天的上班族，但日文要會一點，這裡外國人少，每家店都很小，光應付當地人就不夠了。

西口的Mode學園蠶繭大廈令人無法忽視，由丹下健三創立的丹下設計，兒子丹下憲孝主導的作品，很難想像這是一棟培育的學園，包括美妝、時尚服裝等設計人才。西口也有觀光客熟悉的京王飯店和百貨，歷年來優惠的機加酒方案強勢行銷著三天兩夜的自由行，這裡簡直是台灣人來日本的第一印象。

南口和新南口比較新潮，從過去到現在都是。過去我們會去新南口的東急手和紀伊國書屋買當季的熱門商品和雜誌，住小田急南悅是好選擇，這也是一棟可以觀察鐵道的俐落現代建築。說到設計和都會潮流感，應該從這裡開始可以領略到氛圍的不同，喝著外帶咖啡、吃著排隊買到的甜甜圈，有種紐約客的體驗。

二〇一六年NEWoMan跟隨車站改建開幕後，一到日本新宿的女人們沒有意外的第一個出口一定轉向這裡，必逛Blue Bottle和AKOMEYA TOKYO，就如它宣示著：專為只追求好東西的成熟女性打造的百貨，多令人心動！

更別說我在CONVERSE TOKYO買了多少，這是老牌新生的典範，由CLANE的野口強到二〇一六年的落合宏理主導新設計，把品牌的標誌縮小到幾乎看不到的大小，但不失其高端的品牌框架。

西南口往東口一段可挨著車站走過去，這一段起伏很大，它和西門町很類似，不斷餵養新的消費族群便利快速暢貨的品牌，免稅的唐吉軻德或是運動用品，目標是讓來到日本只想消費的族群能快速買到心中的逸品。

又回到ＡＬＴＡ百貨前，過了往車站的馬路有一個設計完善的戶外吸菸區，這也是這幾年才有的。望著ＡＬＴＡ百貨上的巨型螢幕看板，一年又一年……東京一直在轉變，而我平行也在這流逝的光陰中學到美好的價值，我們有時會說從地點旅行「畢業」代表著它的能量不足以再帶來新的啟發，而東京的未來總是能吸引著我，不斷的從中發生新的火花，豐富了更多元的視野。

推薦序 迷走森林也幸福

吳東龍 ―日本設計觀察作家

最早接觸到清志老師的文章就是從他對東京建築的書寫開始。他絕佳的文筆流露著幽默、深入又廣泛的觀察，有著學識卻不說教，即便這位建築系老師沒有建造真實的房子，卻打造了一個人數無上限的想像空間，引領我們去參觀發現，還將時間之河巧妙安排於其間穿梭流動。

我總在文字中發現這位朋友有著旺盛好奇心，穩重外表下有顆熱情的赤子心，充滿活力，還能像偵探般比我們早一步探索城市中新奇、美好、甚至怪異的風景。老師嗜食甜品，所以少不了對東京美味的體驗見解；在東京的巷弄或角落裡的有特色的咖啡店，也少不了他的身影；他看日劇，也愛電影，所以筆下的地點與建築不僅是場景，而是能深切對應劇中情節故事，讓時空之外又多了一個感受的向度；你更能在他字裡行間感受他對生活的熱情之餘，還流露著親情、友情的感性情懷。

這次的東京書寫，他大膽用了A to Z的編法，極有難度，也再度凸顯了東京唯一不變的就是改變。不過，他正是能對這樣複雜又快速變化的東京，掌握它的前世今生，無論抽象或具象，過去到未來，一一如數家珍從不遺漏，梳理二十六個面向，每個又囊括不同的精彩與視野，並能在相互間連結歸納，自信貫穿猶如信手拈來，打造出一座就他所謂的「森林」，即便迷失其中，也會是一大幸福！請慢慢感受。

推薦序—跟著都市偵探一窺東京的美學密碼

張維中—旅日作家

十一年前剛搬來東京的那一年，因為在早稻田大學就讀的關係，每一天都在周遭晃蕩。對於校內的一景一物逐漸熟悉了，不過，比起校園來說，我更喜歡的據點，卻反而是在步伐稍微遠離校區的地方。例如從22號館走向都電荒川線起迄站早稻田站，以及越過神田川通往學生宿舍和敬塾的那一段路。在那裡我第一次見到日本落英繽紛的絕美櫻花雨，也是第一次抱著朝聖的心，踏上了村上春樹小說《挪威的森林》舞台場景。

於是，翻讀著李清志老師的《東京未來派》，看到老師挑選到這一帶區域書寫，自然感到懷舊與欣喜。老師又在〈Death Space　死亡空間〉這一篇目中寫到早稻田旁的觀音寺。那寺廟側邊的小路也幾乎是我中午下課時，每天會穿越過去買便當的路。說來慚愧，當時望著那幢奇異的建築，只知與宗教相關，但總沒搞清楚來龍去脈。多年後，讀著《東京未來派》時，才總算豁然開朗其身世。

就像是這樣的感覺。住在東京這麼多年的我，閱讀《東京未來派》時，時而縈繞起舊地重遊的熟悉，時而也跳出未曾發現的新鮮。

特別喜歡看老師透過他專業的建築角度，重新發掘出我鍾愛的咖啡館與書店，原來還藏著許多美學的密碼。東京何以有著特殊的性格讓人念念不忘？李清志老師這次扮演起偵探，為讀者抽絲剝繭細心解密。

誠摯推薦

我的同窗李清志是一位浪漫的生活家，好奇城市偵探性格造就他成為台灣建築界最多著作的優秀建築學者。《東京未來派》既有散文般迷人的文字，又有字典般清晰的定義，更是開啟城市探險的關鍵之鑰。A to Z 文章沒有前後關係，隨意翻閱皆有令人意外的幽默與驚喜；書中揭示了東京都市文化和它帶來的獨特建築與場所，深入淺出，是繼去年暢銷書《美感京都》之後又一令人期待的大作。

——**張基義**｜交通大學建築研究所專任教授兼總務長

李清志老師所書寫的東京，有一些東京現象、一些東京歷史、東京的人物傳奇、東京的藝術知識、東京的建築概念，更甚至是東京的悠閒生活樣貌清志老師用 A to Z 的方式，加上豐富的知識底蘊與特有的都市偵探見解，輕鬆流暢地帶我進入了熟悉卻也陌生的東京。雖然生活在東京，但依舊有好多待我去發掘的故事，我已經準備好帶著《東京未來派》，再度上街探索那些未曾見過的東京模樣。

——**李昫蓁**｜東京建築女子

不知不覺住在東京已經邁向第七年，平日如同在車站內以飛快的腳步穿梭自如的日本上班族，一起努力擠上電車，要喘口氣也難，很難認真或以新鮮的角度看待眼前的景色。所以一到假日，我堅決不宅在家，即便是尋找一間想去的咖啡店，都能讓我稍微逃避那份平日無形的壓抑，純粹以一個旅客的身份，漫步在這座隨時都在變化的城市。

我最喜歡東京的地方就在於「新舊並存」，那年當我還是個留學生時，親眼目睹下町地區建造晴空塔的過程，在淺草寺雷門的對街上聳立起隈研吾先生打造的淺草文化觀光中心，能免費眺望那條總是人聲鼎沸，充滿生氣的仲間世通。有復古到不知道該不該掀開暖簾踏進的日式旅館，也有最新型態的膠囊旅館，一樓還進駐了來自北歐，被《紐約時報》評價為世界最棒，值得坐上飛機去嚐一口的咖啡店。

在這本書中介紹的景點與建築，對我來說既陌生又熟悉，明明去過卻不曾發現原來存在著這樣的背景故事與理念。因此在閱讀的過程有種彷彿再次前往當地重遊的感受，甚至湧起想找個時間踏上小旅行的想法。我想這就是李清志老師嚴謹中帶有詼諧的文字敘述特有的魅力吧！希望大家在看了書後也會興起想出發到東京看看，想珍惜這些其實一點也不理所當然存在的可貴景物的心情。

——Miho｜「東京，不只是留學」版主、旅日作家

東京，這個令人又愛又恨的城市。

我熱愛著這城市的各個街角，每每帶來不同的驚喜與靈感。恨的是總是無法常住在這，就連待上整整一個月，總是覺得時間不足踏遍這座城市。但就是因為有所距離，才會對這座城市充滿了慾望。因為咖啡，認識了清志老師，循著老師的文字與對建築、城市細膩的見解，對城市漫遊有著更多的浪漫步伐。而《東京未來派》從 A to Z 不同的觀點來探索這座城市的角落，建築、咖啡、文化，種種變化多端的因子，也是這座城市無限迷人之處。

建議配合著 Google Map 使用，隨時加上下段旅程的必訪之處！

——Chez Kuo｜作家、編輯

「東京的未來，會以什麼樣的姿態呈現？」

為迎接二〇二〇東京奧運，這座城市正不斷的變動。《東京未來派》著作，李清志老師以他獨到的觀察眼光，寶貴記錄了東京不同面向的城市觀察，也帶出

東京未來的想像延伸，將這個觸動人心的城市留下了深刻、細膩及有溫度的文字書寫。

讓我們跟著《東京未來派》一同加入東京的城市偵探團！漫遊探尋東京的城市魅力與感受層次豐富的文化樣貌。

——**林靖格**｜「Gridesign Studio 格子設計」負責人

手機隨時能搜尋導航的旅行時代，網路如同一本厚重卻沒有目錄的資料，我們透過關鍵字找到想要的資訊，卻無法清楚說出自己想去的地方。

閱讀李清志老師的書，總是讓人感覺像有位領航員陪自己一起散步，在陌生街道穿梭，手指一旁的建築娓娓道來背後故事。從派出所到教會、美術館到澡堂，他再度以豐富的建築涵養和對旅行的熱愛，熟門熟路地帶領我們探索東京這個城市。旅行是一場立體的閱讀，而這套書就像畫滿記號的地圖，它不能回答你所有的問題，卻能讓你找到下回旅行的方向。

——Hally Chen｜作家

自序—東京方丈記

日本中世是個地震、火災、動亂，與戰爭頻仍的動亂時期，當時沒落貴族鴨長明，感悟世界的動亂災變，隱居在方丈小屋中，觀看並記錄這個世界的動盪。當時京都也飽受五大災厄的悲慘境遇，天災不斷，隨處可見屍骨曝晒，《方丈記》揭示了人世無常、生存不易的現實，並且轉而過著隱士生活，清貧簡約，不與世爭；日本戰後廢墟中，民不聊生，小說家崛田善衛也寫下了《方丈記私記》，向中世尋求生存之道。

現今的東京算不上是亂世，跟日本戰後比較起來，表面上是繁華與平和，但是三一一地震海嘯以及核災的衝擊，仍然在人們心中留下極大的陰影，加上長久以來的經濟不景氣，年輕人的生存不易，對許多人而言，現今的東京，從個角度來看，也是一個心靈動盪的亂世。

東京寸土寸金，旅館不僅昂貴，房間通常都很窄小，我記得年輕的時候到東京看建築，住的是便宜的小旅館，旅館房間窄小到行李箱幾乎無法打開，洗澡的淋浴間呈現三角形，我進入其間，幾乎難以轉身。我常常想像自己像是當年的鴨長明，躲在小小的旅館房間中，觀看這個世界！

鴨長明的城市觀察，基本上是以隱士的角度出發，用一種與世隔絕、超然的態度去觀察。我覺得我在東京的觀察也是如此，我既是旅人，也是「異人」（日文的外國人），基本上與這個社會沒有任何關係，也沒有任何瓜葛，所以可以用不同的眼光去看這座城市。

我除了在方丈小屋中觀看東京之外，我也常常走出小屋，在東京各處漫遊，試圖去發現我所不知道的東京。每年我都會不由自主地，前往東京進行觀察與漫步，因為這座城市永遠有新的事物，一年四季也都有不同的景觀面貌。

我在沒有谷歌地圖的時代就常常前往東京漫遊與觀察，當年買了一本「東京分區地圖」，一直是我在東京漫遊的最佳工具，只要帶著這本地圖，我就覺得安心，因為有了這本地圖，我就不怕迷路，也不會迷路。

這種「前谷歌時代」的旅遊工具是很浪漫的，也是激發想像力的有趣事物！看著平面的東京地圖，常常在我腦海中就呈現出３Ｄ立體的街道景象，因此每次出國前，我就會抱著這本地圖，津津有味地閱讀著這座城市的不同角落，期待著去發現更有趣的城市空間；這本東京地圖後來也成為我的重要記憶儲存本，地圖上的街巷，記載著我一步一腳印的記憶，上面的記號與塗鴉，都敘述著我在這座城市漫遊的點點滴滴。

對我而言，東京是一座百去不厭的城市。（我必須懺悔，我去過東京的次數，比起去台中、台南的次數還多！）對於羅蘭巴特這樣一位異人（外國人），去過一次東京，受到異文化的衝擊，就可以寫下《符號帝國》（*Empire of Signs*）這本另類的東遊記；我去過東京無數次，每一次卻仍然可以體會到文化的衝擊與感動，不過這樣的文化衝擊已經超越了東西方的文化差異，而是一種更進化的城市風格與都會文明。

東京應該是最接近一種進化的未來城市，就像是大友克洋或是押井守在科幻動畫《阿基拉》及《機動警察》系列中所描述的未來城市，甚至演化成像士郎正宗《攻殼機動隊》中的城市場景也不會令我驚訝！機器人、膠囊旅館、科幻想像在現實生活中活生生的呈現，東京在毀滅之前都可以說是世界上最具未來感的城市。

對日本人而言，東京終究是會毀滅的！從來沒有一個城市對於自己將來的命運如此肯定。東京人都知道這座巨大的城市，終究是會毀滅的，正如櫻花終究會凋謝、楓紅終究會凋零一般；但是面對死亡，卻讓這座城市更具傳統的淒美，有如三島由紀夫的文學作品，讓毀滅與死亡成為最後的一場華麗演出。

想要書寫東京這座城市是不容易的，這座城市太多元、太複雜，難以用某個簡單的主題來歸納，所以我試圖用*A to Z*的方式來書寫這座城市，以一種近乎拼圖的方式來書寫東京。我的東京觀察從上個世紀一直延續到現今，這部著作可以說是我的「東京方丈記」，記錄著世紀交替間的，我所觀察的東京現象，也記錄了我在這座城市中所遺留的心靈記憶。

N

挪威的森林
Norwegian Wood

早稻田與村上春樹

春天我們搭荒川都電來到早稻田，在大學城附近街區體驗學生生活，去一間名為「都電食堂」的餐廳用餐，食堂以荒川都電為名，販賣學生千元日幣定食套餐，餐食內容算是豐富營養，選擇性也不少，每天都有幾種定食可以選擇；整個大學城白天算是寧靜，也帶著悠閒的氣息，偶而有學生漫步其間，在這裡可以感受到東京其他地方沒有的知性與青春。

春天櫻花盛開之際，剛好遇到早稻田大學的新生歡迎式，在大隈講堂與大隈重信銅像間的廣場上，展開盛大的新生歡迎式，所有學校重要社團紛紛出籠，啦啦隊、旗隊、樂隊、舞蹈社等等，用各種口號、舞步，大聲地、誇張地喊叫出青春的活力與精神！特別是擊鼓的少年人，用盡全身的力量，跳躍地擊打大鼓，有如穿著黑色高中學生制服的優人神鼓，因為擊鼓太過用力，沒多久便氣力耗盡，必須由另一個人接手擊鼓。這種用力擊鼓、高舉大字報、呼喊口號的場面，讓人想起早稻田大學在六〇年代的運動時期，那是個充滿抗爭、辯論與殘酷青春的年代（一九六九年，機動隊攻入被學生占領的大隈講堂與第二學生會館）。

W

挪威的森林

在《1973年的彈珠玩具》一書中，村上春樹特別提到：「被某個抗爭學生團體所占領的大學九號館，有一間有兩千張古典音樂黑膠唱片收藏的小小音樂室。占領學生團體一直撐到秋天，到最後全員變成古典音樂狂。某個晴朗的十一月午後，當第二鎮暴機隊突襲衝進九號館時，聽到韋瓦第協奏曲L'estro armonico正以全音量播出。」

早稻田大學是村上春樹的母校，也是他書寫《挪威的森林》重要的故事場景。他在一九六八年進入早稻田，在六〇年代那個反叛的日子裡，早稻田大學可說是學生抗爭最激烈的地方，白天學生參與運動，幾乎不上課，晚上則喝酒，大談國家大事，喝得酩酊大醉，然後被同伴抬回宿舍。

當年抗爭的熱潮期，到處都有木條釘的抗議牌，學生們就拿抗議牌，隨便釘個擔架，將醉酒的村上春樹抬回和敬塾宿舍，在胸突坂擔架斷裂，村上春樹還摔到地撞到頭。爬上胸突坂，左側便是和敬塾學生宿舍，宿舍附近的風景，據說就是村上春樹寫《挪威的森林》的靈感來源（事實上，那時候他根本還沒去過挪威）。

胸突坂的右邊是「椿山莊」四季飯店，在小說中他曾描寫，飯店會在夏日到

從和敬塾到早稻田大學間的胸突坂，是村上春樹大學時期天天經過的地方。

聖瑪麗亞大教堂
地址：東京都文京區關口3-16-15
電話：03-3945-0126
營業時間：以下時間，歡迎所有人來參加彌撒。
・平日彌撒：週一至週六07:00在地下大教堂；每個月第一個週五10:00在地下大教堂
・主日彌撒：週六18:00在地下大教堂；週日08:00、10:00在大教堂、12:00在地下大教堂
交通：從「江戶川橋站」1A出口出來，步行約15分鐘

鄉下捕捉螢火蟲，然後晚上釋放在椿山莊的園林裡，藉以娛樂飯店的客人；我曾經在飯店打折時期去住過，沒有看到什麼螢火蟲，但是對於飯店對面的聖瑪麗亞大教堂卻很有興趣！

聖瑪麗亞大教堂是建築大師丹下健三的重要作品，當年他設計建造奧運競技場館與聖瑪麗亞大教堂，克服了大跨距結構的挑戰。聖瑪麗亞大教堂以格子樑結構曲面，創造出巨大無柱子的大跨距空間，其規模比東海大學的路思義教堂還宏偉，外部覆蓋金屬板，整座教堂在陽光下閃耀，有如張開雙臂的巨大天使！

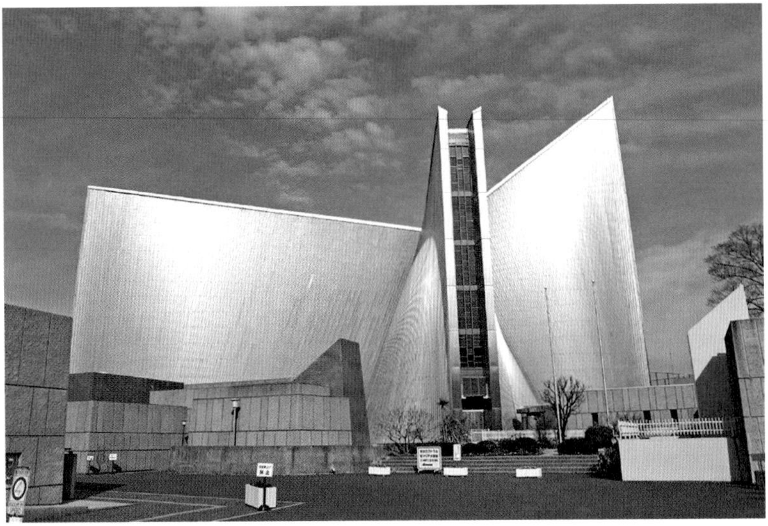

大隈講堂是早稻田校園的地標建築。

村上春樹的電車

東京是個前衛與懷舊兼具的城市，這座城市中有高科技的新幹線電車、高速地鐵系統，卻也有歷史悠久的路面電車，令人對這座城市的多元面貌感到驚奇！

東京市區最有名的懷舊電車，是從早稻田開往三輪橋的荒川都電。在二十世紀初期，整個東京西化十分徹底，這類的路面電車行駛於東京街頭，成為東京市區的景觀特色。但是關東大地震加上二次大戰空襲，路面電車損毀不少，再加上戰後地下鐵的建設，緩慢的路面電車逐漸被東京市所淘汰，最後連荒川都電也面臨淘汰的命運。

當時許多市民覺得荒川都電是東京市區最後的路面電車，因此極力主張保留這條最後的路面電車路線，荒川都電才得以留下，成為今天東京市區最受歡迎的懷舊電車。荒川都電行駛速度極其緩慢，與JR中央線的急行列車相較，有天壤之別；不過，這種緩慢的速度，卻使它成為追求慢活生活風格的現代人最愛。我每次到東京旅行，被繁忙混亂的東京城市生活搞得緊張兮兮，就會想去搭乘荒川都電，藉著緩慢的速度與節奏，舒緩我內心的緊張與壓力。

荒川都電沿線因為社區較為老舊，因此這條電車路線也成為東京懷舊路線的首選，搭乘緩慢的電車到荒川遊園地，玩那些一點都不刺激的摩天輪及雲霄飛

荒川都電緩慢而悠閒，是我最喜歡的東京交通工具。

車；或是深入三輪橋破敗的老舊商店街，尋訪那些有些霉味的料理店；甚至在庚申塚站下車，去逛逛巢鴨的老人街，都成了東京人懷舊時的心理藉慰之旅。漫畫書《烏龍派出所》描繪老社區的派出所故事，漫畫中經常出現荒川都電的身影，因此《烏龍派出所》與「荒川都電」幾乎已經被人們視為東京懷舊的象徵物。

連村上春樹小說《挪威的森林》中，都曾描述主角從早稻田搭乘荒川都電到大塚站換搭JR山手線的情節，他在書中描述：「電車緊貼著一家家的屋簷外行進。有一家晒衣陽台上一連排列著十個番茄盆栽，旁邊一隻大黑貓正在晒太陽。還可以看見小孩們在庭院裡吹肥皂泡泡。不知道從什麼地方傳來石田亞由美的歌，甚至還飄著咖啡的氣味。電車像縫合著如此親密的後街般順暢地行駛著，在途中的車站有幾個乘客上來，而三個歐巴桑好像永不厭倦地交頭接耳一直熱烈地談著什麼。我在大塚站附近下了都電……。」事實上，那也是村上春樹本人的親身經驗。

侯孝賢拍攝的《珈琲時光》也出現男女主角搭乘荒川都電的情節，對於東京人而言，這輛歷史悠久的路面電車已經是東京的一種重要文化財。每次到東京旅行，我一定會去搭乘荒川都電，搭乘時總是想著：「什麼時候台北才會出現路面電車的浪漫身影？」

貓與夏目漱石的墓園漫步

走在東京市區，偶而會遇見一處幽靜的墓園，這些墓園就在住宅區旁，與住家可能只有一牆之隔，東京人卻絲毫沒有懼色，似乎在東京市內活人與死人可以相安無事地共處。

東京市區內不只有一些小型城市靈園，市中心區還有幾座歷史悠久的知名大型靈園，諸如青山靈園、雜司谷靈園、谷中靈園等等。這些靈園過去因為拆遷不易，就以植栽公園化，希望減低其負面觀感，如今竟也成為東京市區珍貴的綠地空間。

歷史悠久的都市靈園，埋葬著許多過去城市知名的人物，例如雜司谷靈園就埋葬著夏目漱石、永井荷風和泉鏡花等過去的文學大師。有趣的是，在夏目漱石的墓前經常有貓隻徘徊逗留，似乎正呼應著夏目漱石曾寫過的小說《吾輩是貓》。

那天我搭乘著荒川都電，在雜司谷靈園站下車，車站剛好位於墓園一角。整個墓園在週間顯得幽靜舒適，幾位上班族就坐在墓園一角的公園座椅上竊竊私語，墓園間樹林濃密，若不是因為冬日落葉枯枝，光線較為明亮，否則還真會有點陰森感。

雜司谷靈園佔地面積廣大，必須要拿著墓園地圖，才不會在其中迷路。

為了探訪文學大師的長眠之所，我特別前往靈園事務所，拿了一張「東京雜司谷靈園MAP」，地圖上圖文並茂，標示出各個名家的墓園位置。幸好有這張地圖，在廣闊的墓園內，指引我去找到文學大師們的墳墓。其實靈園事務所管理整座墓園十分完善，除了公共廁所潔淨之外，墓園角落也設置有花房，讓人整理掃墓使用的花束，同時也兼作墓園園藝整理的工具間。

拿著靈園MAP按圖索驥，很快來到夏目漱石的墳墓前，墓前花束新鮮，顯示經常有人來墓前憑弔。一隻黑白相間的花貓，靜靜地在一旁看著我們，似乎在思考什麼一般，那種嚴肅帶點悲涼的眼神，讓人聯想到夏目漱石悲劇苦澀的人生。

永井荷風、小泉八雲的墳墓距離夏目漱石之墓比較遠，都位於墓園的西北角。小泉八雲其實是一位外國人，他來到日本，與日本人結婚後，用他妻子的姓氏，取名為小泉八雲。我曾經到山陰地區松江市參觀他的故居，也看了他所寫的鬼魂小說，充滿了山陰地區溼冷晦暗的色彩。小泉八雲與夏目漱石之間存有某種心結，因為小泉八雲這位老外先生取代了夏目先生在東大英文系的地位，結果死後兩人竟然葬在同一座墓園，真是冤家路窄，幸好兩人的墳墓不是毗鄰而居，否則就太悲慘了！

墓園後方是住宅文教區，有一座古老的舊宣教士洋樓住宅，可以前往參觀。在寧靜的住宅區內漫步，延續著墓園散步的情緒，在冬陽暖洋洋的呵護下，搭乘緩慢的荒川都電電車離去，渡過了一段舒服的東京上午。

東京的殯葬方式，多採用火葬，並且以家族墓園的形式處理，因此狹小的墓地上，放入一家子的骨灰，再立上「某某家墓」的墓碑，就成了寸土寸金的東京市區，一種現實上的無奈與折衷。日本人的殯葬儀式處理，並沒有台灣殯葬業電子琴花車或孝女白琴的喧鬧與荒唐，他們西化頗深，參與告別式或到靈園參拜，都會嚴肅地穿著黑色服裝，與西方人的葬禮穿著無異。

到這些城市墓園漫步，除了緬懷先人之外，也可以進行歷史散步之旅。在春天櫻花盛開之際，這些種滿櫻花的都市靈園，更成為東京市區最適合賞櫻的花園。看著櫻花花瓣飄落，思想人生的無常與短暫，可以讓都市人重新省思自己的生命，進而創造出更積極、更有意義的人生。

夏目漱石寫過《吾輩是貓》一書，很奇特的是，他的墓園旁常出現貓咪。

雜司谷靈園
地址：東京都豊島區南池袋4-25-1
電話：03-3971-6868
交通：從都電荒川線「雜司谷站」2號出口出來，步行約3分鐘

荒川都電的飛鳥山春遊

荒川都電是東京都內僅存的都營路面電車，速度十分緩慢，並不適合趕時間的人搭乘，因此都電沿線呈現著一種速度緩慢的景象，搭乘荒川都電欣賞東京的老街區，猶如看了一場慢速度播放的黑白電影一般。

因此荒川都電平日多是老人家、婦孺來搭乘，也有去雜司谷靈園送葬掃墓的黑衣人，以及一些熬夜遲到的早稻田學生。從大塚站北上，到飛鳥山公園前，是春天踏青野餐的熱門地點，整個飛鳥山公園遍植櫻花，每到櫻花盛開之際，男女老幼，攜家帶小，擠上荒川都電去賞花。

飛鳥山公園是座不很高的小山丘，若是從王子車站那頭上山就比較陡峭，所以這幾年那裡還裝置了飛鳥山纜車，讓年紀大的人可以輕鬆上山。公園中有許多小孩的遊樂設施，事實上，這些遊樂設施頗為簡單復古，有我兒時常見的旋轉地球、大象溜滑梯，以及一座像山丘般的城堡，還有一輛老式的退役荒川都電電車車廂，安置在公園中，成為父母帶小孩休憩吃午餐的空間。那座大象溜滑梯造型頗為真實，最近因為有新郎、新娘爬到象背上拍婚紗照，因而讓這座大象溜滑梯聲名大噪！

從飛鳥山公園往王子車站走去，會經過一座造型酷似以前圓山中山橋的音無

飛鳥山公園
地址：東京都北區王子1-1-3
電話：03-3908-9275
交通：從JR「王子站」南口出口出來，步行約1分鐘

橋，橋下就是石神井川的「音無親水公園」，這座公園利用河川地設計建造成人們可以接近水邊的休憩公園，並且遍植櫻花，因此春天櫻花盛開時期，整個河谷地帶都被櫻花所籠罩，非常浪漫美好。攝影愛好者最愛捕捉有音無橋拱形結構為背景的櫻花照片，此情此景竟然讓我懷念起昔日台北圓山的中山橋，可惜中山橋早已被「碎屍萬段」，丟在以前的再春游泳池，只有李再春的銅像在陪伴守護著它。

飛鳥山公園是孩子們的快樂天堂。

音無親水公園
地址：東京都北區王子本町1-1-1
電話：03-3908-9275
營業時間：09:00-16:00
交通：從JR「王子站」中央口出口出來，步行約1分鐘

O 表參道 motesando

東京香榭大道

表參道是東京最重要的一條道路，所謂的「表參道」就是參拜道，是前往神社參拜的道路。參拜道兩旁通常都會有綠蔭，而且表參道入口兩端還有兩座巨大的石燈籠，界定參拜道的起點，然後道路往上緩緩爬升，最後到達明治神宮。

長長的表參道過去是讓人參拜前預備心境的路徑，現在卻充滿了資本主義的名牌慾望，同時也成為建築設計師在東京兵家必爭的重要展示場。

以台北為例，台北的表參道就是中山北路，中山北路是前往圓山台北神社參拜的道路，兩旁也是綠樹成蔭。在圓山過了明治橋，然後開始爬上階梯，前往位於山上（目前圓山飯店的位置）的神社。台北的中山北路命運與表參道很類似，目前也因為是林蔭大道，而成為各家名牌旗艦店的最愛。

有人把東京表參道比喻為香榭大道，事實上去過法國巴黎香榭大道的人，應該可以感受到，其實以這幾年的發展來看，東京的表參道比法國的香榭大道有氣質太多了！而且兩旁的店家與人行步道空間的品質，東京表參道明顯高級了許多。

名牌與設計師的慾望戰場

表參道寬闊的林蔭步道，長久以來就讓人有一種悠閒浪漫的感覺，《東京愛情故事》、《朝5晚9》等偶像劇，也把表參道塑造成浪漫愛情的場域。歐美名牌公司也選擇在此設立旗艦店，從二〇〇〇年開始，先後出現了妹島和世設計的Dior旗艦店、青木淳設計的LV旗艦店、赫爾佐格&德梅隆設計的PRADA旗艦店、伊東豊雄設計的TOD'S旗艦店，以及安藤忠雄設計的表參道之丘等等，整條表參道幾乎就是名牌建築師的競技場，同時也是名牌旗艦店的建築博覽會。

這些名牌旗艦店建築，事實上就是名牌形象的代表作品，因此晶瑩剔透、閃閃發亮，散發高級感的建築，最能符合名牌的需求與形象。整條表參道上，最亮眼的名牌旗艦店要屬PRADA旗艦店，有如蜂巢般的格子結構體，上面鑲嵌表面外凸或平面的玻璃，整座建築物在陽光下閃爍，就像是一塊巨大的鑽石水晶，非常適合名牌旗艦店的需求。

整條表參道因此成為了一條慾望掙扎的戰場，雖然是參拜道，卻充滿了世俗的慾望與誘惑，大部分的時間，人們還沒到神社參拜，就已經被參拜道旁的名牌店吸引而去，這樣一條路正像是朝聖之路一般，沿途充滿著慾望的爭戰與心魔的掙扎，能夠安然無恙、全身而退的人，可能寥寥無幾。

PRADA旗艦店
地址：東京都港區南青山5-2-6
電話：03-6418-0400
營業時間：11:00-20:00，每日營業時間可能會彈性調整
交通：從「表參道站」A5出口出來，步行約2分鐘

表參道BOSS旗艦店是由日本建築師團紀彥所設計。

表參道名牌旗艦店林立，是條充滿慾望與誘惑的大道。

LA COLLEZIONE
地址：東京都港區南青山6-1-3
電話：03-5468-1825
營業時間：09:00-20:00
交通：從「表參道站」A5出口出來，步行約4分鐘

表參道上的安藤忠雄

日本建築師通常有地域性的特色，安藤忠雄是關西人，因此所有建築設計案多在關西地區。建築史上有所謂的「東邪西毒」之說，就是講伊東豊雄的建築領域在關東，而安藤忠雄的建築領域則多在關西。

表參道既然是東京最重要的一條代表性街道，建築師若能在表參道上插旗，代表著他可以進駐到東京這塊土地。整條表參道上有三座安藤忠雄的建築設計作品，從最早的LA COLLEZIONE、表參道之丘，一直到巷弄內的hhstyle.com/casa，分別代表著不同時期安藤忠雄的嘗試與設計風格。

LA COLLEZIONE是安藤忠雄早期的作品（一九八九），充滿著典型的清水混凝土色彩，內部空間則有如螺旋的迷宮一般，人們穿梭在牆與牆所圍塑的走道階梯中，讓人感覺像是超現實主義繪畫中，走不完的迷宮世界；圓形空間內又像是被包覆在內的子宮，有一種孕育生命的安全感，因此雖然位於表參道大馬路旁，卻依然保有鬧中取靜的優雅。

這座建築雖然是商場，但是清水混凝土的材質低調又不顯眼，因此商業行為並不熱絡，從以前到現在，也換了不少商家。這座建築與表參道上華麗耀眼的名牌建築相比，的確過於低調、文青味太重，也難怪商機一直無法熱絡起來，安藤

表參道之丘
地址：東京都澀谷區神宮前4-12-10
電話：03-3497-0310
營業時間：11:00-21:00，週日營業至20:00
交通：從「表參道站」A2出口出來，步行約3分鐘

忠雄也因此被貼上標籤，認為他只會設計美術館或教堂，並不適合做商業建築。

一直到了二〇〇六年，安藤忠雄設計建造了表參道之丘商場，吸引了大批人潮來館，才真正改變人們對安藤忠雄不會設計商場的偏見。表參道之丘商場原址是同潤會青山會館老公寓住宅，這批公寓可說是東京最早的一批西式現代公寓，具有某種紀念價值，原本改建更新計畫引發許多的討論與辯證，不過後來還是決定拆除改建，只是保留了一小部分原來的公寓作為紀念。

這塊基地呈現狹長的三角形，其實並不太好用，但是安藤忠雄將內部做成像古根漢美術館般的迴旋斜坡，只是圍繞著的不是圓形中庭，而是一座三角形的中庭，順著斜坡逛街，從上到下，可以非常輕鬆地逛完整個商場店面。這種以美術館概念設計的商場，實在是獨一無二，果然吸引了許多人潮入內，中庭廣場聖誕節慶還會有許多活動與裝飾，熱鬧有趣！

三角形基地的尖端部分，之前表參道有一座老舊的公廁，因此安藤忠雄就利用這塊三角形的畸零地，設計了一座現代化的公廁，成為這塊基地完整的三角形銳角。在這樣一個三角形公廁裡如廁，想到自己是在華麗的表參道上，頓時覺得原本被視為卑賤的空間，也變得尊貴耀眼起來！

繼表參道之丘商場的順利開張，安藤忠雄可說是正式在東京建立起他的建築領域。隨後他又在表參道巷弄內，設計建造了一座傢俱店hhstyle.com/casa。這家店的設計顛覆了安藤忠雄過去慣用的清水混凝土建材手法，而是改用黑色金

安藤忠雄在表參道巷弄內，曾經嘗試使用非清水混凝土建材，而是以金屬板摺疊的方式，去完成一座建築。

屬板，以日本摺紙的概念，創造出新型態的建築。其實這樣的造型，很像美國F-117隱形轟炸機，曲折的金屬板、黑色的匿蹤塗料，都是為了吸收雷達波，這種怪異造型的飛機，原本很難飛上天的，但是在電腦科技的協助下，怪飛機都可以順利飛上天。

安藤忠雄這間傢俱店，想必也是希望在新世紀有所突破，因此借用電腦輔助設計，創造出了這座奇特的安藤建築。可是這座黑色金屬板傢俱店卻是絕無僅有，安藤忠雄實驗之後，就不再設計這種建築，繼續回到他的清水混凝土建築，似乎這樣的建築才是大家喜歡的?!

安藤忠雄在東京的重要建築，還包括上野公園內的國際兒童圖書館（二〇〇二），澀谷車站底下的「地宙船」（二〇〇八），以及仙川街道上的住宅與小型美術館，另外就是Midtown裡的21-21美術館。

表參道基本上就是一條都市裡的伸展台，不僅是設計師們努力在這裡展現他們的設計功力；優雅華麗的街道，也讓市民有一處可以穿著漂漂亮亮在街道上行走的場域。事實上，我認為每個城市都需要一條表參道！

地宙船
交通：走進東急東橫線・東京地下鐵副都心線澀谷車站即可看到。

P

公園

ark

東京公園觀察

公園可說是現代文明的象徵，過去日本社會並沒有「公園」這個東西存在，所有的花園、園林都是私人或王公貴族所擁有的。但是，在城市現代化的過程中，西方公園的概念被引入日本，東京身為首善之都，於一九〇三年開設了日本第一座「西洋風格近代式公園」（即目前的日比谷公園），至今已有超過百年的歷史。公園內有音樂堂、公會堂等設施，至今仍然是東京市中心最重要的公園之一。

東京這座超級都市，雖然大樓建築密集林立，但是市區仍然有許多大型的綠地公園，讓忙碌的東京市民可以有紓解壓力的空間，包括上野公園、代代木公園、新宿御苑、井之頭恩賜公園等等，都是這座城市最佳的舒壓休閒場所，當然這些大小公園在重大災難時，也可以成為東京市民的防災公園，成為大家避難集合的場所。

石神井公園駅

三島由紀夫其實患了一種櫻花熱

每當春天櫻花盛開之際，東京這座城市就好像染上了某種熱流感一般，陷入一種又喜悅又瘋狂的情緒中：這種神奇的熱流感每年都會發生一次，而且都是在春天降臨之時，住在東京的人無法逃避，每個人都會被這股櫻花熱潮所感染，然後跟全城的人一同陷入無可救藥的興奮情緒裡，直到櫻花凋謝之後，一切才會歸為平靜。

東京在戰後努力進行綠化，特別在城市角落、公園綠地或學校校園，遍植日本人最喜歡的櫻花，以致於今天的東京都，雖然城市前衛進步，高科技事物十分普遍，但是每到春天，處處可以看見盛開動人的櫻花。日本人十分重視這段時光，不論是學校畢業典禮、開學式，還是公司新人入會式等人生重要階段，都會在櫻花盛開的時期舉行，也因此每年櫻花盛開時，就會勾起人們人生際遇中的某一段記憶。

每年櫻花盛開的盛況，深刻影響了日本人的生命哲學，那種瞬息的美感，強烈地衝擊了日本人心靈，讓他們感覺到人生若是能達到極致美的境界，即使是片刻瞬間，就可以死而無憾了！因此他們常會認為若是能達到最美的境界，就可以自殺離世，讓這種美的瞬間延續到永恆。

湯川氏之墓

春天的谷中靈園櫻花盛開，民眾聚集開心賞花，完全沒有墓園的淒涼與悲哀。

FILA

日本文學家三島由紀夫就擁有這種毀滅性的美感哲學，他在其著作《金閣寺》中敘述著一位小和尚震懾於金閣寺建築的美，神魂顛倒，最後無法制止自己，放火將金閣寺給燒了。他在書中描述：「人生行為的意義，如果能對某一瞬間誓以忠誠，使這一瞬間停步的話，也許金閣寺會知悉這一切，暫時取消對我的疏遠，親臨化身於其中，告知我對人生渴想的空虛。」三島由紀夫親身實踐了他的美學思維，在衝入自衛隊發表激烈演說之後，拿武士刀切腹自殺。

「花見」活動是東京人最喜愛的活動之一，每次櫻花季前，電視新聞氣象報告就會預告「櫻花最前線」，炒熱人們心中對櫻花季的期待。然後市區一些熱門「花見」公園，如上野公園、代代木公園、井之頭恩賜公園、小金井公園或隅田川公園等地區，就會出現占位置的人，他們在地上鋪著藍色帆布，並用紙箱、繩子圍劃出自己的領域，等待公司同事在櫻花開放那天前來賞櫻，並在櫻花樹下飲酒作樂；這些占位子的人，通常是會社中的新鮮人，他們被派來進行重要的占位置任務，如果沒有占到好位置，可能會影響到他這輩子在公司內的升遷。

對於那些沒有占到位子的人，他們會到社區小公園、神社或河邊綠地，只要有櫻花的地方，就可以找到開心賞櫻的民眾，甚至墓園內都可以見到賞櫻民眾，在墓碑旁鋪著報紙，喝酒吟詩，享受著生命中難得的美好時光。事實上，東京人自己認為最美的花見地區，是位於青山區內的青山靈園，這座古老的墓園內有一條「櫻花隧道」，櫻花滿開時，夢幻得令人感動！

谷中靈園
地址：東京都台東區谷中7-5-24
電話：03-3821-4456
營業時間：08:30-17:15，營業時間可能會依季節調整
交通：從JR「日暮里站」南口出口出來，步行約3分鐘

隨著櫻花熱潮興起，廠商也會適時推出「櫻花套餐」、「櫻花清酒」或「櫻花豆大福」等食物、飲料，甚至有所謂「櫻花限定版」的各式商品。這些應景食物多會將櫻花花瓣入菜，人們一面欣賞櫻花美景，一面將櫻花吃到身體裡，似乎達到了一種「天人合一」的境界。

我喜歡東京的櫻花季，特別喜歡到青山靈園或谷中靈園去賞櫻，它提醒忙碌的人們，一年又過去了，人生美好的時光不多，應當好好珍惜，莫負好春光。

在墓園中看著詩意般的櫻花飄落，讓我稍稍可以體會三島由紀夫的心情，或許三島先生也不是像他所發表的言論那般偏激，事實上，他可能只是患了一種無可救藥的病症「櫻花熱」。

雙象公園的懷舊回憶

很多人都記得小學時，校園中最大的遊樂設施就是「大象溜滑梯」，那是一座混凝土打造的大象，大象的尾巴部分有樓梯可以登上象身，象鼻則以四十五度角伸向地面，整個大象溜滑梯表面以洗石子裝飾，溜滑梯部分則以磨石子處理。這座巨大的溜滑梯讓當時低年級的小朋友，在下課十分鐘的時間裡，都玩得很開心！

這樣子的大象溜滑梯存在於歷史較悠久的小學校園內，我的小學（士林國小）就有這麼一座大象溜滑梯，溜滑梯旁有一個防空洞，另一邊則是一座日據時期建造的紅磚禮堂，不過現在都已經拆除更新了。基於這樣的空間關係，我推斷這樣的大象溜滑梯可能是日據時代就已經存在於校園了。

在日本各地遊走，較古老的學校仍然可以看見這樣的遊樂設施，不過這幾年大部分也都拆除更新了。日本社區公園內有時候還可以見到一些特殊的溜滑梯，也都是用混凝土打造的，例如大阪地區許多社區公園的「章魚溜滑梯」（可能是與大阪章魚燒有關吧）、東京地區常見的「恐龍溜滑梯」等等。不過，位於東京都內神樂坂赤城下町地區，有一座隱蔽狹長的社區公園，公園內竟然有一座少見的「雙象溜滑梯」，最近因為媒體的報導，才開始引人注意，幾乎所有的人都不

大象溜滑梯是許多人童年的回憶。

知道東京市區還有「大象溜滑梯」，而且居然是「兩頭大象」的雙層溜滑梯。

這座雙象溜滑梯位於神樂坂一座狹長的社區公園內，而且這座公園呈下坡走勢，因此剛好利用地勢，建造了兩座重疊的大象溜滑梯，從上面一隻大象的鼻子溜到另一隻大象的鼻子，蜿蜒地溜滑梯，想必十分刺激有趣！上面那隻大象是公象，有著長長的象牙，下面那隻大象則無象牙，似乎是母象；奇怪的是，這兩隻大象的眼神呈現著神秘的悲情，似乎流洩出某種冤屈？我在陰雨天來到這座公園，空蕩蕩的公園內，沒有孩童的嬉鬧喧囂，顯得十分孤寂陰鬱，面對兩隻大象憂鬱的神情，我心中不禁打了個寒顫。

不論如何，現代都市鄰里公園中的遊樂設施，早已被現成的塑膠安全遊樂設施所取代，但是那些大量生產的遊樂設施，幾乎都是一成不變的樣式，讓整個都市顯得有些無聊！不過類似「大象溜滑梯」這樣的遊樂設施，或許也只能存在於四、五年級生的記憶裡了。

雙象公園（あかぎ兒童遊園）
地址：東京都新宿區赤城下町21
電話：03-5273-3924
營業時間：08:00-18:00
交通：從「神樂坂站」2號出口出來，步行約4分鐘

外星飛碟遊具

日本公園中的遊戲器具十分奇特，這些城市中毫不起眼的公園設施，竟然反應著城市的特性或人們的科幻想像。關西大阪公園中的章魚溜滑梯正是大阪章魚燒的聯想，東京的公園恐龍溜滑梯則是《哥吉拉》電影的真實呈現；或許真實的建築並不容易去表達人們內心的超現實或科幻的想像，因此只有藉著公園中這些小型的建築來傳達。

在東京的公園中，比較容易看見恐龍怪獸的溜滑梯或遊憩設施，因為大恐龍哥吉拉幾乎就是東京的象徵物，就像是大金剛之於紐約一般。不過仔細遊走東京市區各大小社區公園，卻還是可以找到一些十分奇特的公園遊具，這些公園遊具多仍以傳統鋼筋水泥打造，可說是用鋼筋水泥可塑性強的特點，打造出的城市公共空間雕塑物。

有一天我搭乘東京僅有的路面都電荒川都電電車，前往雜司谷靈園漫步，探訪文學家夏目漱石的墓園，順便也看看泉鏡花、永井和風、小泉八雲等人的長眠之處。平日的墓園十分幽靜，很適合散步思考，偶而會看到附近社區居民騎車穿越墓園，黑貓、白貓自在地徘徊在墓園間，一切都顯得寧靜安詳，讓人領悟到，原來墓園也可以是忙亂都會區裡的安靜綠地空間。

東京社區公園裡的遊具非常多元，恐龍造型的特別多（大阪則以章魚造型的最多），圖中是少見的外星飛碟造型遊具。

雜司谷靈園後的住宅社區，有一棟早年宣教士居住的洋樓，如今已經是東京市區的歷史文化財。社區內有一座小型公園，就是日本東京常見的那種社區小公園，寧靜卻又令人安心，特別是社區媽媽們常會帶幼兒到此活動。一走進公園，眼尖的我馬上看見公園中矗立著一座藍色長角的奇特外星怪物。

這座公園遊具非常獨特，在東京市區找不到相同的一個，可見這件產品是單一的創作，而非大量生產的結果。這樣的產品在現今充斥大量生產塑膠安全遊具的都市公園裡，顯得十分珍貴！遊具呈現想像中的外星人形象，頭上有突起的天線，大大的眼睛，以及藍色的皮膚，又像是土星般有著光環圍繞的行星。對於小孩而言，這座怪物外星遊具，其實更像是外星飛碟幽浮，可以搭乘遨遊宇宙天際。

從公園遊具的年代及材料推測，這座外星怪物應該是六、七〇年代的作品，那時候全世界正進入太空時代，而日本也正舉辦著世界博覽會，到處都充滿了對太空科幻的想像，公園中會出現這樣的作品並不奇怪！看著社區小朋友在這座老舊的遊戲設施爬上爬下，證明這項設施至今依舊充滿趣味性，完全不遜於現在那些量產的塑膠遊具，相信這個奇怪又獨特的外星飛碟遊具，也將成為當地社區居民永遠的回憶。

一時集合場所

「防災公園」的思考，當然是因為日本大震災所帶來的刺激，日本長久以來飽受天災侵襲，因此全國居民災難意識十分強烈，關於防災的預備也很積極，特別是在都會地區，基於過去東京大地震與東京大空襲所帶來的嚴重傷害，災害時如何逃生？逃到什麼地方？該有什麼準備？平日就有多次的演練與計畫，所以東京市民學童，遇到災難發生，都知道該逃往何處。

都市中的公園綠地就成為現成的「防災公園」，不同的鄰里社區居民，被規劃疏散到各自的防災公園。防災公園不單單只是一處開放空間而已，公園內多有逃生補給品與克難生活用具。更重要的是，城市中的「防災公園」在周邊還設置灑水設備，緊急時可以在公園周邊形成一道水幕，保護公園中避難的人們，不至於遭受城市火災的侵襲，整個防災思考非常周密。

東京社區鄰里公園經常可以看到「一時集合場」的標誌，代表著此處是附近鄰里居民災難發生時的避難空間，不管是大人、小孩，平常就有演練，都很清楚避難的路線，以及該前往的防災公園地點。事實上，這樣的規劃也讓災難中失散的家人，有機會在固定地點找到彼此。

反觀國內對於防災計畫與演練，相較之下顯得毫不重視。日本發生地震後，台北市政府便告訴大家，我們也有「防災公園」（但是卻沒有人知道在哪裡），每個行政區都有一座防災公園（這樣夠嗎？）。市民其實想知道的是，到底災難來臨時，我們該逃到哪裡避難？

在社區鄰里間，應該規劃有自己的「一時集合場所」（防災公園），讓民眾可以就近避難，並且規劃那些里鄰居民該逃到哪個「防災公園」，平常就要演練熟悉，災難發生時才可以鎮定地逃生避難。以目前的實際狀況來看，我們的「防災公園」只是計畫上的紙上談兵，而且草率而不實際，誠實地面對這個問題，必須說我們的「防災公園」計畫根本是作秀用的，很難派上用場！

如果政府單位無法為市民們規劃出避難空間，台灣的民眾只好自求多福，自行想辦法研擬自家的避難路線與地點，每一家自己準備好逃生背包，教導孩子災難發生後的逃生路線，以及你們自家的「一時集合場」，最好是每個月進行一次演習，好熟悉路線，災難發生時也比較能夠鎮定應付。

過去台灣人對於災難的預防總是漫不經心，但是面對末日般頻繁的天災地變，我們的確應該加強大家的防災意識，或許在未來的災難中，這些準備可以幫助自己及家人存活下來！

公園划船與人生夢境

春天日本櫻花盛開，再次召喚著台灣民眾前去賞櫻，臉書上可以看到朋友們的美麗櫻花洗版，櫻吹雪的景象不斷播放，讓無法去日本賞櫻的人情何以堪！這樣的現象似乎已經成為每年必定上演的劇碼，也是宣告春天來到的必備儀式。賞櫻的地點與方式很多，但是我喜歡換個不尋常的角度，划船從水面上去賞櫻花，享受櫻吹雪，花瓣飄落身上的唯美景象。東京的千鳥淵划船場，以及井之頭恩賜公園都是很適合划船賞櫻的地點。

東京市區公園會有划船的活動，主要是延續英國公園的傳統，原本日本並沒有所謂的公園設施，但是明治維新全面西化，開始有公園的設置，連帶的公園內的音樂台、涼亭、划船活動等也相繼出現。在英國倫敦的大型公園，都會有湖泊水池，市民除了可以在湖邊賞野鴨、晒太陽之外，也可以去租台小船，泛舟湖面，在城市中享受鄉間划船的樂趣。

東京市區適合划船的地方很多，除了井之頭恩賜公園之外，上野公園不忍池、石神井公園、千鳥淵等地方，也都是可以划船的場所。上野公園裡的不忍池，其實歷史已經很久，很多東京人小時候都去這裡划過船，甚至有人聲稱他在這裡划船時，竟然撈到小時候掉落池子裡的玩具。

上野公園
地址：東京都台東區上野公園5-20
電話：03-3828-5644
交通：從JR「上野站」公園口出口出來，即可看見

不過也有很多人不喜歡到不忍池划船，因為這個地方在二戰末期曾經發生很悲慘的事。當年美軍展開東京大轟炸，東京市區因為有許多木造建築，因此引起大火，烈焰席捲全城，很多市民為了逃避火災來到上野公園，又因為耐不住火災高熱，紛紛跳入不忍池中，有許多人就因此溺斃，命喪不忍池。知道這段歷史的東京市民，大多不敢去不忍池划船。

相較於上野公園的不忍池，吉祥寺的井之頭恩賜公園顯得輕鬆自在許多，吉祥寺原本就是東京極受歡迎的住宅區，因此有《只想住在吉祥寺嗎？》這樣的日劇出現。井之頭恩賜公園是一座從吉祥寺延伸至三鷹地區的綠帶公園，其中的水域有部分作為野生動物棲息保留地，有一部分則開放讓市民划船泛舟。

在井之頭恩賜公園划船，除了划小船之外，也能租腳踏船以及天鵝船。對於不善於划船的人，可以選擇較為簡單、安全的腳踏船，但是若想要享受划船的樂趣，我還是建議租傳統的小船。在井之頭恩賜公園划船，可以在午後將船划到岸邊樹蔭下納涼，甚至躺在小船上隨波搖晃，睡個午覺。若是在週末假日，還可以聽見公園裡的街頭藝人，吹奏著薩克斯風，在爵士樂慵懶的樂聲中，讓人忍不住昏昏欲睡起來。

台灣城市能夠在公園中划船的地方不多，最有名的要屬台中市公園。這座日治時期建立的公園，至今仍然可以划船，非常符合日本時代的公園面貌；台北市區原本在圓山中山橋下也可以划船，但如今划船活動早已不復存在，只剩下碧潭

石神井公園也有漂亮的櫻花與天鵝船。

橋下還有划船的地方，不過當地水深難測又有漩渦，過去常有遊客落水的憾事發生。

英國童謠中，有一首關於划小船的歌，歌詞寫道：

Row, row, row your boat,
Gently down the stream.
Merrily, merrily, merrily, merrily,
Life is but a dream.

道盡了划船的樂趣，也在划船的歡愉中，體悟人生不過是一場夢。

好希望我們的城市也有可以划船的公園，讓我們的市民在休閒活動中，多一點選擇，也多一點人生的領悟。

井之頭恩賜公園
地址：東京都武藏野市御殿山1-18-31
電話：0422-47-6900
交通：從京王井之頭線「井之頭公園站」出口出來，即可看見

井之頭恩賜公園成群結隊的白色天鵝船十分優雅壯觀。

26

Q

古怪的
ueer

擁抱怪異與古奇的城市

東京是個充滿想像力的前衛城市，因此各種怪奇想像都可以在現實生活中出現，那些奇特的動漫科技想像、電子生化機械的科幻夢想，甚至古怪神秘的玄學，都可以在這座城市中呈現。在東京市區隨處可見穿著古怪的族群，大家見怪不怪，並不會有人給予太多注意；同樣地，東京也有很多古怪的建築，這些建築連老外來參觀都嘖嘖稱奇，因為在他們的城市裡，古怪建築只是異數，但是東京卻包容力十足，並且勇敢地去擁抱這些怪異與古奇。

青山的機械獸

東京市的怪異建築其實許多是充滿未來科幻想像的，而這些建築是否受到科幻動漫的影響，答案是肯定的！所謂的「科幻」是一種對於未來的科學想像，雖然「科幻」不一定會成真，但是其影響力卻是驚人的，那些充滿創意的科幻想像溢出現實世界，就會帶來真實的驚奇！

位於澀谷地區的巷弄裡，有一座類似機械獸般的怪物建築，機械金屬的外殼，蛋形的頭部，甚至有昆蟲觸角般的天線，仔細觀察建築物底部還有機械足的油壓緩衝裝置。很難想像這座機械獸建築竟然是一座學校（青山製圖學校），不過可以想見在這座建築中學習建築製圖的學生，將來會設計什麼建築出來！

青山製圖學校是日本建築師渡邊誠在八〇年代的驚世之作，當年青山製圖學校落成後，震驚了全世界！歐美各國紛紛對日本的建築設計感到好奇，認為這個天天幻想怪獸、機器人的國家，竟然蓋出一棟機械獸的建築，那麼將來肯定會建造出無敵鐵金剛或鋼彈的建築出來！事實上，日本的確曾經舉辦過「鋼彈建築」的研討會，在研討會中特別把渡邊誠的建築列為所謂的「鋼彈建築」，他們認為鋼彈機器人如此巨大，既然內部空間可以讓人進入，當然也能成為一種建築。

不過，渡邊誠並沒有接著推出無敵鐵金剛建築，反而是九〇年代在台場設

青山製圖專門學校（1號館）
地址：東京都澀谷區鶯谷町7-9
電話：03-3463-0901
交通：從「澀谷站」出口出來，步行約6分鐘

計建造「共同管溝展示紀念館」，那是一座奇特怪異的建築，猶如一艘不明飛行物體，降落在一座小山丘上，不明飛行物體通常找不到入口，這座建築的入口也很難尋獲；小山丘上長著一支支蘆葦般的植物，其實是頂端裝著LED燈的裝置藝術，夜晚點燈，就像是一片發光的蘆葦。

這座不明飛行物體般的展覽館，後來因為維持管理不易，很久都沒有開放，外面的斜坡部分，竟然成為青少年滑板的聖地，最後不得已整區封閉。不過這座建築物的造型，已經突破了過去我們對於建築物的想像，外面看起來像不明飛行物體及小山丘的部分，其實都是建築體，關於建築物的既有形體，已經完全被解構。

建築師渡邊誠其實是日本最早使用電腦輔助設計的建築師之一，因此他的建築可以不依照傳統的規矩建造設計，塑造出不規則的造型與構造，這是電腦輔助設計時代的建築解放。

西元二〇〇〇年之際，渡邊誠更推出了一座令人驚奇的建築作品「大江戶線飯田橋車站」，新的地鐵線出口與通風口在他的設計之下，成為一座類似昆蟲羽翼、又似花朵般的金屬與玻璃構造物，這是他利用電腦人工智慧設計的嘗試下，出現的新世紀作品。

從車站入口深入地底下，也是充滿科幻未來感的空間。因為經費不足的關係，渡邊誠用最簡單的塑膠管材料，結合管線燈管，用電腦輔助設計的工具，組

共同管溝展示紀念館
地址：東京都江東區有明3-1-10
交通：從臨海線「國際展示場正門」北口出口出來，步行約9分鐘

構計算出不規則富變化的天花板立體結構物，讓人有如進入異星科幻的世界。

這樣的設計組構，如果用傳統的工匠責任施工，可能會折磨死工匠，因為每個組構的物件長短都不一樣，組裝的角度也不一樣。但是在電腦科技的時代，可以在電腦上3D模擬計算好，一點都不會浪費材料，也能夠精準施工。可見數位建築的時代，的確可以幫助建築師發揮更大的創意與想像。

大江戶線飯田橋車站
地址：東京都文京區後樂1-9-5
電話：03-5689-4264
交通：從地鐵東西線、有樂町線、南北線與JR中央線皆可到達

六角鬼丈的古怪建築

建築師六角鬼丈是一個鬼才建築師，他的本名是六角正廣，但是他不喜歡關於「正確」、「廣義」的名字，因此改名為鬼丈。八〇年代他曾在福岡設計一棟金光教會館，奇特的造型有如一個巨大風洞機器圓管。而一九八九年設計的東京武道館，位於綾瀨地區，古怪多角的造型，正好與六角鬼丈這個名字十分貼切。

六角鬼丈對於中國傳統的道家與陰陽家很有興趣，他試圖將天道自然觀融入他的建築設計中，因此建築呈現一種奇特的東方怪奇感。雖然被歸納為後現代主義的建築師，但是他更看重人在空間的五感與玄學冥想。

東京武道館的造型不同於傳統武道館的大屋頂，而是用許多的方塊堆砌組構完成，呈現出一種完全另類的體育競技場建築風格。這樣的怪異神秘造型，與東方玄學一樣令人難以理解，因此這棟建築也成為東京最古怪的公共建築之一。

我在冬日前往綾瀨地區，寒冷的感覺令人體會到武道館冷峻的面貌，猶如一座頭角猙獰的山峰，等待著考驗你！想到古代的武術專家總是喜歡躲藏在深山峻嶺，修煉絕代的武術功力，山峰成為一種訓練武術的修道場域，不僅是修煉武術，同時也修煉武德。所以將武道館設計成一座綿延不斷的山嶺，也不是沒有道理的。

東京武道館
地址：東京都足立區綾瀨3-20-1
電話：03-5697-2111
營業時間：依照賽事時間不同而有所調整
交通：從「綾瀨站」東口出口出來，步行約7分鐘

紅色太陽駕訓班

在JR山手線靠近惠比壽車站附近，可以看見一棟奇特的建築，建築物上卡著一顆巨大的紅球，每次搭電車經過，總是會吸引我的目光，心中想著有一天要去好好勘查一下。惠比壽附近一座行人天橋可說是觀看這座怪建築最佳位置，因為行人天橋跨越JR山手線的鐵道，所以天橋上都有加裝超過二公尺鐵絲網，以免有人在天橋上墜落或投擲物品。我正在擔心鐵絲網會妨礙我拍攝那棟怪建築，可是當我登上行人天橋，竟然發現在最好的拍攝位置上，鐵絲網竟然被挖了一個圓洞，洞口大小正好適合單眼相機的鏡頭伸入拍攝，我不禁會心一笑，原來早就有人跟我一樣，想到來這裡拍攝那棟怪建築！

這棟建築原來是一家稱作是「日之出自動車學校」的大樓，因為名稱是「日之出」，所以建築師芦原太郎特別設計一顆巨大的紅球，象徵著旭日，就像是日本國旗上的太陽一般。因為大樓十分狹窄，有如一座銳角三角形的蛋糕，所以整座建築有如一顆紅球卡在一堵牆上，真想知道在這樣的辦公大樓是何種心情。

這種建築類似加州的「普普建築」，在洛杉磯威尼斯地區，解構主義建築師法蘭克．蓋瑞（Frank Gehry）就曾經設計過一棟辦公大樓，門口是一具巨大的望遠鏡，巨大望遠鏡內其實是會議室空間。普普建築的誇張手法，無非是希望吸引

日之出自動車學校（日之丸自動車学校）
地址：東京都目黑區三田1-6-27
電話：03-3719-3515
交通：從「目黑站」西口出口出來，步行約7分鐘

公路駕駛的目光。這座旭日大樓的巨大紅球，的確也吸引了電車通勤族的目光，幾乎所有搭乘山手線的人，都不會忽略這座奇特的紅球建築。

從住宅區的巷道望去，更可以看見一般小住宅間出現大紅球的景象，猶如外星怪物入侵，令人有不真實的奇特感覺；不過在巨大紅球下方，許多人在學開車、學騎車，緊張地練習考場的動作，讓人覺得畫面十分超現實！然後我腦海裡就出現一幅奇怪的畫面，巨大的紅球突然掉落下來，然後壓扁汽車、輾過機車，眾人四散奔逃，紅球則在人群後方滾動追趕……。

黃色起司中的小屋

東京世田谷區在九〇年代出現了一座非常奇特的建築，那是兩塊起司般、黃澄澄的塊體，夾著一棟傳統的老房子，狹長的木造房子被夾住，壓迫感很大，幾乎就要喘不過氣來！這棟建築似乎述說著東京老房子的境遇，在都更改建的壓力下，只能在夾縫中求生存。

走近這座建築，可以看見木造老房子狹窄的立面上，有屋頂與大門，也有小小的前庭籬笆，門框上還釘著昔日的水電牌，那是在古董店才找得到的東西。想要打開門卻打不開，然後看見門前有一個告示牌，上面繪製了開門的方法，原

來我們以為的老房子木門不是現在的門，整個木屋立面其實就是一扇門，等於把木屋立面黏在一片木門上，所以握著金屬把手，用力一拉，就可以把整片立面打開，出現建築物的入口。

這種設計手法帶給人一種玩笑與驚奇感，是後現代主義建築時期的流行。我記得之前在大直的一家餐廳也是如此，立面只有一扇打不開的門，顧客必須投石問路，將枯山水庭園中的石頭丟進乾井中，鐵門就會神奇地打開！但是因為沒有指示牌，很多人不知道如何丟石頭，甚至有人直接將石頭投擲在鐵門上，導致鐵門表面被石頭敲得坑坑洞洞。

這座建築也是一家餐廳，把木造房子當作入口門片，當然只是商業宣傳的一種作法，不過因為在東京越來越難見到傳統木造老建築，所以這種懷舊思古的設計手法，多少也打中城市人的心靈，讓人產生內心的共鳴。不過可惜的是，最近這棟奇怪的餐廳建築已經被拆除，改建成一般的住宅公寓。

微熱山丘

福岡太宰府天滿宮前的星巴克咖啡館，特別找來日本建築師隈研吾，以木條的拼搭，建構出十分特殊的室內空間，讓人在咖啡館裡，有如置身在鳥類的巢穴一般，顛覆了連鎖咖啡館制式的空間氛圍，也讓建築師隈研吾開創了新的作品風格。

事實上，福岡的星巴克概念店只是隈研吾的建築實驗，當台灣的鳳梨酥品牌「微熱山丘」打算進軍東京時，想到請建築大師隈研吾操刀設計青山概念店，隈研吾便將木條鳥巢的概念運用在「微熱山丘」的建築上。這些看似裝飾物的木條，其實是具有自體獨立的結構物，在星巴克店裡，木條結構有如藤蔓，攀爬蔓延形成一個類似洞窟的奇妙空間，讓每個喝咖啡的客人都驚嘆不已。

福岡星巴克店只能說是室內裝修，「微熱山丘」概念店則是完整的建築概念呈現。從表參道PRADA旗艦店對面巷子進入，走一段路才會發現「微熱山丘」店隱身在巷內轉角不明顯處，與其他名牌旗艦店張牙舞爪的氣勢全然不同，不過卻與隈研吾從傳統日本建築元素出發的精神十分貼切。

隈研吾這幾年的建築設計，展現日本傳統建築的精神，特別是在表參道上，已有格柵美學的名牌大樓以及低調優雅的根津美術館，如今又設計了「微熱山

丘」概念店，使得隈研吾的建築密度在青山區越來越高。

外表像是木條交錯雜亂的建築體，令人有如進入一座鳥巢，不過「微熱山丘」的內部空間，卻是簡約乾淨的日式禪意空間，讓人有置身森林中的寧靜與放鬆。每個訪客進門，登上二樓大廳，就會有服務員奉上熱茶與一塊金磚般的鳳梨酥，讓每個來賓免費享用；這種賓至如歸，不計成本的款待方式，讓日本人感動得五體投地！每個享用過鳳梨酥與隈研吾空間的客人，幾乎都會去櫃檯買一盒以上的鳳梨酥回去，即使這裡的鳳梨酥售價是台灣的三倍，小小的一塊鳳梨酥幾乎是台幣一百元左右，日本人還是毫不手軟地掏錢購買。

品牌形象的建立十分不容易，「微熱山丘」鳳梨酥進軍日本東京，聘請名建築師操刀設計品牌旗艦店，讓名牌建築師的前衛建築作品與鳳梨酥產品，產生加乘的效果，成功將鳳梨酥打進東京表參道的精緻名牌世界，鳳梨酥店家的策略運用，令人佩服！

微熱山丘　南青山店
地址：東京都港區南青山3-10-20
電話：03-3408-7778
營業時間：11:00-19:00
交通：從「表參道站」A4出口出來，步行約6分鐘

R
再生
Rebirth

東京市中心閒置空間再利用

東京在多年高速發展下，許多城市角落空間被冷落閒置，成為城市黑暗死角，在寸土寸金的城市裡，一方面十分浪費，同時也可能造成城市治安的死角。這幾年因為經濟疲弱的關係，城市大型建案減少許多，閒置空間再利用的議題才逐漸被人們重視，高架橋下、廢棄學校、舊車站等等閒置空間在設計規劃下，重新綻放光芒，讓老舊破敗的區域再度活化起來，「閒置空間再利用」可說是新世紀東京的熱門議題。

GOOD
DESIGN
AWARD
2k540

高架橋下的職人街2K540

沿著動漫天堂秋葉原的鐵道高架橋走去，可以發現一處奇妙的橋下空間，整排粗壯的柱子，猶如進入埃及古文明的地下神殿一般；入口處地面赫然寫著「2K540」的字樣，似乎是某種神秘兮兮的密碼，可是又好像與AKB48有什麼關聯，令人十分好奇！

其實這個奇特的地方，是東京近日最熱門的文創空間，設計者巧妙地利用高架橋底下的閒置地帶，改造成一條充滿藝術氣息的觀光文創景點。東京高架橋下的空間過去總是給人破舊、昏暗、骯髒的感覺，「2K540 AKI-OKA ARTISAN」是東日本鐵道集團旗下的JR東日本都市開發公司所推動的都市更新案，改造後的空間煥然一新，聚集許多日本傳統技藝的職人店家，為高架橋下的空間注入新的活力。

所謂的「2K540」是說，從東京車站出發，走到御徒町站及秋葉原站的高架橋下，其距離正好是「2公里540公尺」；而所謂的「ARTISAN」即是「職人」或「工匠」，這條「職人街」標榜著Made in Japan，所有的商品皆為高品質技藝的工匠所製作，利用傳統技藝，開發出創新的工藝品，例如木頭雕刻出的手機保護套等等。

2K540進駐了許多職人與藝術工作者，成為一個都會中難得的工藝聚落。

走進這條高架橋職人街，地面上出現斗大的白色字體「2K540」，整條白色巨大柱子所構成的廊道，兩側開設了生活風格的店鋪，有販售和風味道的鍋碗瓢盆、茶杯、傢飾用品，也有手染素材的衣物、手工皮件、動漫創意餐廳，以及香味四溢的自家烘焙咖啡館，各種商品品質優良，與一般商店街十分不同，非常吸引觀光客的目光！我在這裡逛遊了一下午，挑選購買了幾件特色商品，然後坐在咖啡廳裡，一方面浸淫在咖啡的香氣中，一方面也讚歎著手中剛買的精緻工藝品。

整條街道除了店家優質之外，所有的設施也充滿了設計感，標示系統皆以白色字體噴在地面上，包括指引廁所、腳踏車停車場等，可以感受到規劃者的設計品味與用心，最令人震撼的是那排粗大的圓柱，並沒有加上任何裝飾或改造，單純只是漆上白漆，就顯出一種強烈的空間力量，讓我十分感動！

原來規劃者的設計品味其實影響了整個空間的品質。台灣地區也有許多高架橋下的空間再利用案例，但是卻無法規劃出如此精緻、富有設計品味的空間，或許這也是我們的社會整體設計力還可以提升的地方！

高架橋下的職人街2K540
地址：東京都台東區上野5-9
電話：03-6806-0254
營業時間：11:00-19:00，每週三休
交通：從JR「秋葉原站」電器街口出口出來，步行約7分鐘

舊萬世橋車站再生

秋葉原附近的萬世橋邊，有一座有趣的空間，被稱作是「mAAch ecute神田萬世橋」，利用高架鐵道拱橋的底部，開創出有趣又富歷史意義的商場空間。

「mAAch ecute神田萬世橋」原址是早期萬世橋車站的所在地，一九一二年所建造的萬世橋車站，原本是一座典雅華麗的車站建築，紅磚全盛時期的建築，立面加上白色飾條，充滿古典氣息，與日本東京車站、台北的總統府、公賣局，屬於相同的建築風格。可惜這座華麗的車站在關東大地震時燒毀，後來重修就沒有原本的華麗，甚至到了一九四三年，萬市橋車站就整個停用。

這個地方戰後曾經長期被當作交通博物館所使用，不過前幾年博物館遷往大宮之後，便展開新的更新計畫。高架鐵道部分仍舊保留早期的建築結構，拱形的底部空間被改造成有趣的商場。高架橋面上依然有列車行駛，不過在原本車站月台的地方，建造了一座玻璃的咖啡館，坐在咖啡館內，可以感受到電車從左、右兩邊呼嘯而過的刺激，也是鐵道迷看電車最棒的地方！

「mAAch ecute」內部空間有大拱與小拱交錯，大拱的空間內有傢俱店、咖啡館、服飾店，以及書店、圖書館，而小拱則作為穿梭不同空間的過道。在書店空間裡，陳列著一座早期萬世橋車站的復原模型，華麗的車站與站前廣場上的雕

利用原本高架橋車站的拱形結構，重新再利用，成為極具空間特色的賣場。

像，讓人懷想大正時期東京引進西方科技建築時的意氣風發，對照今日，有種物換星移的滄桑感。「mAAch ecute」內部還有許多舊日歷史照片資料的陳列，讓人在逛街休閒中，同時領略城市歷史的變換。

我喜歡坐在頂部的「N3331」咖啡館，欣賞著電車來來去去的速度感，讓我想到村上春樹的一篇小說〈起司蛋糕形的我的貧窮〉，小說裡敘述一對年輕貧窮夫妻，在東京市區居然找到一棟租金便宜的房子，興奮地前往查看，才發現那座房子座落在鐵道交會處的三角形狹窄空地上，有如被切下的一片起司蛋糕。

都市中的歷史建築空間是很珍

貴的，拆掉之後，就什麼都沒有了！但是保留下來，卻可以創造出城市中獨特又令人驚豔的景點！

mAAch ecute 神田萬世橋
地址：東京都千代田區神田須田町1-25-4
電話：03-3257-8910
營業時間：11:00-21:00，週日營業至20:00
交通：從JR「秋葉原站」電器街口出口出來，步行約4分鐘

在N3331咖啡店，可以享受電車從兩側飛馳而過的快感。

千代田3331廢校美術館

東京秋葉原有出名的少女團體AKB48，同時也有一座頗負盛名的文創空間2K540，另外閒逛中還可以發現附近有一座稱為3331的美術館！這些以英文字母及阿拉伯數字所構成的名稱，似乎成了這些年東京流行的命名方式，其實這些數字與字母都有其特別的意義，也代表著網路世代對於新地標的認知方式。

千代田3331美術館（3331 Arts Chiyoda）的名稱也有其特殊的意義，所謂的「3331」其實是代表著「愛的鼓勵」，因為日本人「愛的鼓勵」擊掌，是連續拍三下三次，然後最後拍一次，作為結束，與台灣愛的鼓勵不太一樣。

事實上，千代田3331美術館原本是一間名為「練成中學」的學校，因受日本少子化的影響，許多學校面臨廢校的命運，練成中學在廢校之後，變身為一座社區化的美術館，這座美術館沒有什麼吸引人的絕世館藏，也沒有大師設計的建築，完全就只是舊學校校舍再利用，然後供藝術創作者進駐或在此展覽。

原本學校的圍牆被打掉，不是很大的校園庭院被改成公園廣場，學校一樓空間作為展覽空間與藝術小物的販賣空間，樓上教室則當作藝術家的工作室與實驗室。整個美術館的運作方式與台北之前的中山創意基地URS 21很類似，事實上，3331與URS 21過去曾有密切的交流考察，可說是中日間的姐妹單位。

3331
ARTS CYD

台灣文創空間這些年的發展，太過著重於利益的面向，甚至將「文創」與「利益」直接劃上等號，以致於許多大型文創空間淪為財團利益經營的工具，華麗的裝修與昂貴的租金，不僅讓大部分的藝術創作者卻步，同時也讓文化藝術平民化、生活化的理想破滅。

其實台灣和日本一樣，面臨極其嚴重的少子化問題，許多學校減班減人數，甚至也將面臨廢校的命運，這些學校用地與其賣給財團謀取暫時的利益，不如改造成文化創意基地，因為作為文創空間，將來生育率提升，還是有復校的可能，但是如果賤賣給財團，就一去不復返，將來要重建學校還要花更大的代價才能取得土地。

千代田3331美術館為這個商業與傳統行業密集的街區，帶來新的藝術活力，不僅是當地居民可以經常來此流連參觀，體會藝術與生活的緊密關係，藝術家也可以在市區覓得一處揮灑創意的自由空間，對於整個老舊街區無疑是種良性的激盪！

千代田3331美術館（3331Arts千代田）
地址：東京都千代田區外神田6-11-14
電話：03-6803-2441
營業時間：10:00-21:00
交通：從「末廣町站」3號出口出來，步行約1分鐘

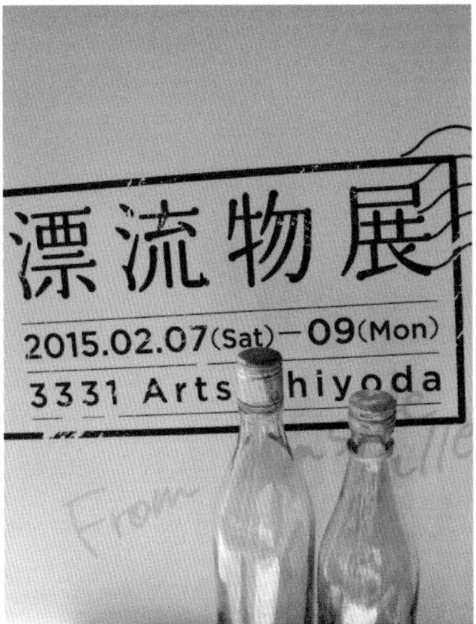

R 機器人 Robot

日本的機器人情結

東京現在最火紅的演出是位於新宿的機器人餐廳秀，結合聲光與巨大機器人，每天晚上都吸引許多外國觀光客排隊進場觀賞，人們都想瞭解這個亞洲小島國家，為什麼這麼迷戀機器人？為什麼現在一想到機器人，就不得不聯想到日本？

日本的機器人動畫當然是重要的推手，大友克洋的《老人Z》裡，高科技人工智慧的看護床居然結合臥床老人，變成可怕的人機合體怪獸。《機動警察》動漫裡，東京警視廳迫於機器人犯罪的增加，必須成立「特車二課」，使用警察專用機械人（Patrol-Labor，簡稱Patlabor）。而鋼彈機器人與其周邊模型玩具，更是陪伴日本小孩成長的重要元素。

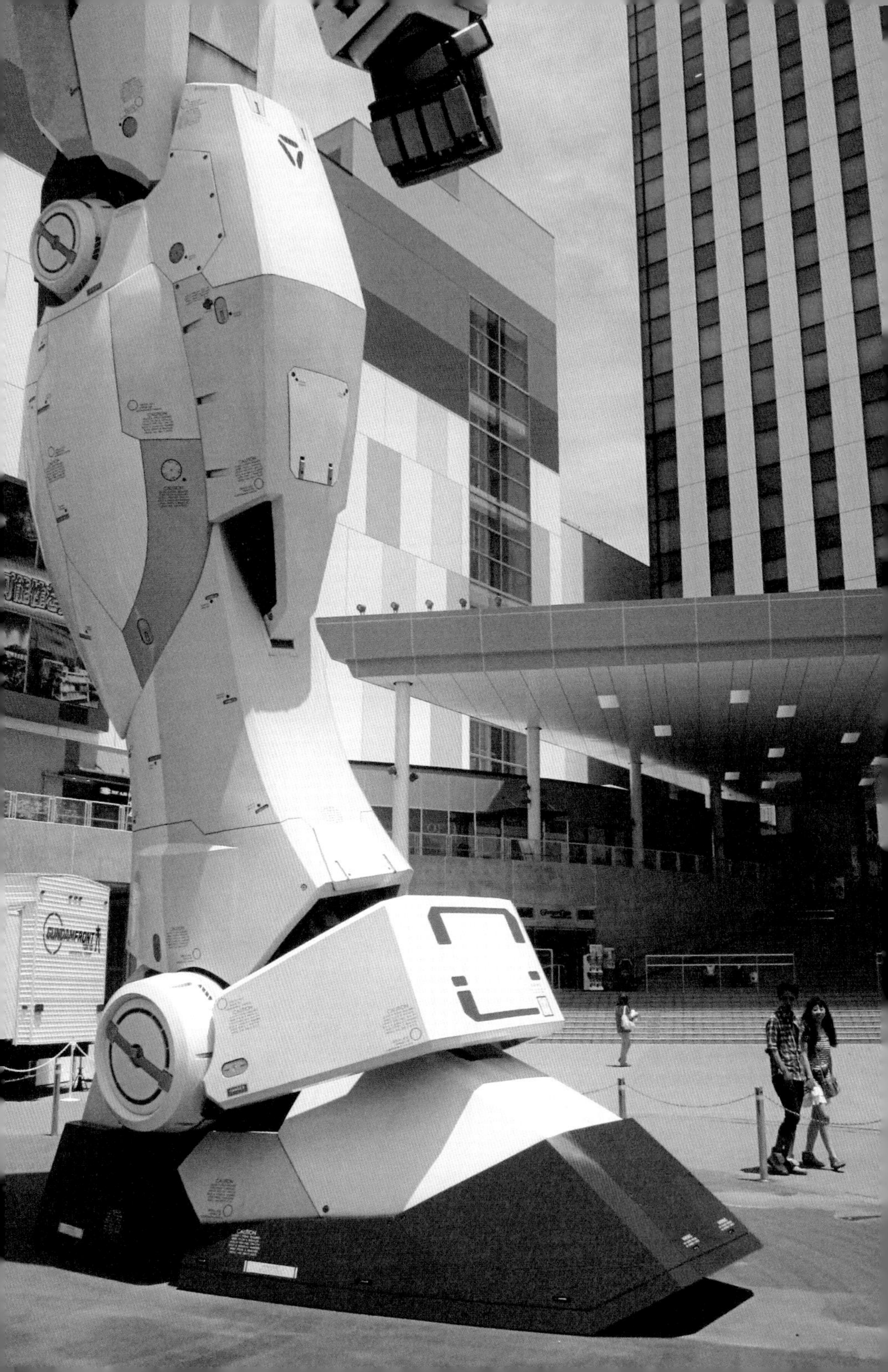
GUNDAMFRONT

東京鋼彈物語

日本最早開始出現的巨大機器人是鐵人二十八號，那是日本戰後民心低落氣氛下的產物，因為戰敗國總是希望藉由巨大的機械科技來扭轉情勢，這種心態其實在戰爭末期，戰敗氣息開始流露時就已經出現。日本軍方見海軍艦隊逐漸不敵美國航母艦隊的龐大物資攻勢，希望建造一台巨大終極武器，可以一舉殲滅敵軍，所以就產生了「大和號」、「武藏號」等超級巨大戰艦。可惜這些巨大戰艦一出海就被盯上，很快就被美軍連番攻擊，擊沉於大海之中。日本陸軍也曾想像要建造巨大的陸上戰艦，事實上就是重型的坦克戰車，但終究只是幻想，戰爭就已經結束了！

戰後漫畫家橫山光輝創造了巨大機器人鐵人二十八號，基本上就是針對這樣的心態所創作。這台藍色的巨大機器人由小朋友拿遙控器所操作，成為日本人戰後心靈重建的重要道具之一，讓日本人想像自己可以重新藉科技力量從廢墟瓦礫中再站起來。除了鐵人二十八號之外，手塚治虫所繪製的《原子小金剛》漫畫，也成為日本人機器人科幻想像的重要開始，今天日本科技界技術人員發展出機器人科技與人工智慧，幾乎就是受到原子小金剛所啓蒙的。

巨大機器人雖然在科技真實發展上，並不如小型機器人來得實際，卻是人

巨大的鋼彈機器人成為商場吸引人潮的最佳利器。

們所驚歎與喜愛的！鋼彈機器人GUNDAM系列動漫，可以說是日本最受歡迎、歷史最悠久的巨大機器人，故事長久發展下來，已經交織成一個複雜卻有自成體系的戰國歷史。日本很多人，從小對於鋼彈戰國歷史瞭如指掌，但是卻對日本歷史一知半解。鋼彈機器人系列發展，出現了兩種機器人設計美學，一種是鋼彈機器人，另一種是薩克機器人，有如美蘇兩陣營的戰機設計，都有其不同的美學基礎。這些機器人隨著動漫故事的發展，產生了成百上千種的衍生型，同時也在萬代玩具公司（BANDAI）發展下，製造出許許多多令人驚奇的機器人模型玩具，他們甚至在宅男勝地秋葉原開設鋼彈咖啡館（剛好在AKB48咖啡館隔壁），店內所有設計都與鋼彈機器人有關。

鋼彈咖啡館店內有巨大鋼彈模型，所有餐具甚至菜單，都與鋼彈機器人有關，咖啡館內的廁所更是一絕！男廁的主題是鋼彈機器人，女廁則是薩克機器人，按下廁所內的按鈕，整個廁所會有聲光效果，坐在馬桶上，猶如鋼彈要啓動升空一般，十分刺激有趣！咖啡店旁還有販售現烤的鋼彈人形燒，就像一般的紅豆餅，只不過形狀是機器人，而且是1:144比例的鋼彈，買一個熱騰騰的鋼彈人形燒，一口咬下鋼彈的頭部，是鋼彈迷的小確幸！

隨著鋼彈機器人風靡全世界，二〇〇九年，萬代公司為了慶祝鋼彈機器人三十週年紀念，更製造了一台一比一全尺寸的機器人，高有十八公尺，吸引了數百萬人前來瞻仰機器人雄偉的風采。

鋼彈咖啡館
地址：東京都千代田區神田花岡町1-1
電話：03-3251-0078
營業時間：10:00-22:30
交通：從JR「秋葉原站」電器街口出口出來，步行約1分鐘

除了台場有精密的鋼彈機器人之外，神戶地區新長田車站附近也樹立了一座鐵人二十八號一比一巨大機器人，讓這個不知名的無聊小鎮，突然成為觀光客特地前來造訪的地點，「機器人城市復興」遂成為日本城市復甦再造的特殊經驗。

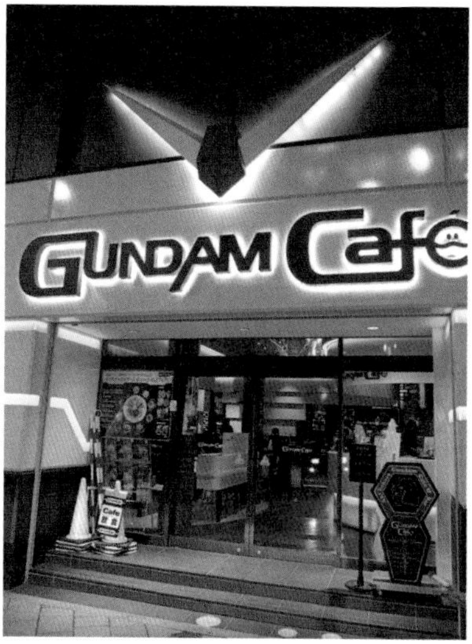

機器人餐廳

位於新宿的機器人餐廳秀，幾乎已經成為東京城市最具代表性的表演，這就像世界各大城市都有其特有的秀場表演一般，去紐約就會想看藍色外星人演出《藍人秀》（*Blue Man*），去首爾會想看廚師切菜刀的「亂打秀」，到東京就要去看機器人餐廳的秀場。

每到晚上，新宿機器人餐廳就擠滿觀光客，大部分是西方人，他們對於東京這座城市，可說是又愛又迷惘，搞不懂這個東方的國度，怎麼會如此傳統，又如此高科技？看機器人餐廳秀，對他們來說，幾乎就是一種東京文化的洗禮，整個秀的表演內容充滿動漫風格，也加入傳統廟會文化，聲光效果強烈，但是並沒有太多高科技，只能說是李棠華技藝團加上假的機械科技裝扮。

機器人餐廳秀的秀場極為狹小，卻精準地讓許多遙控電子花車般的機械獸在場中遊行對戰，確實叫人印象深刻，反映出日本東京地狹人稠的實際狀態。餐廳秀的餐點也很簡單，訂餐的人會拿到一份圓形華麗的仿漆器便當盒，打開一看，就只是幾份握壽司。不過反正大家都是來看機器人，並不在乎食物的好壞，好像看電視吃微波電視餐一般。

這樣的表演穿插了許多傳統迎神賽會的雜耍技藝，優人神鼓與武士道，加上

新宿機器人餐廳
地址：東京都新宿區歌舞伎町1-7-1　新宿機器人大樓B2
電話：03-3200-5500
營業時間：15:30-23:30
交通：從西武鐵道新宿線「西武新宿站」南口出口出來，步行約3分鐘

拙劣模仿異形、忍者龜等西方電影元素的角色，然後用聲光爆破來掩飾其粗糙道具，對於期待所謂高科技機器人秀的觀眾而言，恐怕就要失望了！畢竟這不是世博會等級的機器人秀，並不是要宣揚國力，重點只是要娛樂觀眾而已。不過，那些表演舞者無不卯足全力，穿梭跳躍在電子花車與機械怪獸之間，笑容滿面、熱力十足，讓所有現場觀眾感受到表演者的熱情活力。以秀場而言，整場秀有傳統日本風情、有動漫元素，再加上科幻機械，可說是富有東京特色的表演，也成為西方遊客到東京旅行必看的表演。

台北也需要有屬於自己城市的表演秀，過去豬哥亮的秀場其實是

機器人餐廳經常會派出女機器人上街遊行，宣傳東京的特色演出。

極富特色又有吸引力的，只是受限於語言與內容，觀眾只能局限於某些族群。如何發展出世界各地老少觀光客都能欣賞，又具有特色的表演秀？的確是台北這座城市可以思考的課題。

繼機器人餐廳之後，最近東京又出現了機器人飯店，這間飯店的櫃檯小姐就是人形機器人，可以與來客對答如流，而且有表情與眼神，讓人有些害怕！不過這些機器人的出現，表示機器人的確將逐漸取代許多人類的工作，如果有一天ＡＩ智慧更加發展，會不會大友克洋動畫《老人Ｚ》裡的世界也將成為真實。

機器人文化的確已經成為日本文化的一部分，沒有一個國家像日本一樣，這麼酷愛機器人，我相信總有一天，日本人會造出真正的巨大機器人，就像《機動警察》中所描述的機器人世界，讓日本成為世界上真正的機器人王國！

台場潮風公園
地址：東京都品川區東八潮1-2
電話：03-5500-2455
交通：從百合海鷗線「台場站」南口出口出來，步行約4分鐘

百年鍋爐建築

為了爭取奧運的舉辦權，東京祭出了史上最強的鋼彈機器人，一座十八公尺、一比一等身大的鋼彈機器人被矗立在台場潮風公園內。這座鋼彈機器人不負眾望，推出至今，已經吸引數百萬人前來東京參觀，機械人果然具有令人難以想像的魅力！

鋼彈機器人代表著上個世紀機械文明的終極夢想，同時也是許多建築師機械美學的創作指標。八〇年代後期，當所謂的機械建築美學尚未真正在日本流行起來之前，東京工科大學校園內就出現了一棟有如變形金剛的機械建築。這座建築由日本建築師筱原一男所設計，其造型被建築評論家以當年的先進武器比擬，他們稱這座建築好似F-14雄貓式戰鬥機的部分，融合工廠機械零件變形而成。

這座金光閃閃的機械建築，試圖去創造有如英國高科技風格建築的美學形式，或許在多年前看似前衛科技，但是從現在的眼光來看，感覺上卻有如大友克洋動畫電影《蒸汽男孩》中的蒸汽鍋爐，充滿著上個世紀初期的原始機械感，帶著懷舊與土法煉鋼般的稚拙趣味。

筱原一男是日本建築史上重要且知名的建築師，他本身畢業於東京工科大學，後來也在工科大學任教，培育了不少日本建築界的後起之秀，當今日本重要

建築師伊東豊雄、長谷川逸子等人，都曾師事其門下。筱原一男最大的貢獻在於，他深入研究日本傳統空間創新的課題，同時他也探討東京城市課題，提出過「混亂的美麗」、「住宅是藝術」等理論。

為了紀念東京工科大學百週年的輝煌歷史，身為傑出校友的筱原一男設計了這棟機械金屬紀念碑般的大樓，十分傳神地表達了工科大學的特色；這座建築不僅是東京工科大學的紀念碑，同時也是二十世紀機械時代的里程碑。當整個時代都逐漸進化至數位時代的同時，仰望著這座機械鍋爐似的紀念建築，令人緬懷起上個世紀工業發展的種種，也為這位已經過世的建築家虔敬致意。

東京工科大學
地址：東京都八王子市片倉町1404-1
電話：042-637-2111
營業時間：10:00-22:30
交通：從JR到「八王子みなみ野站」出口出來，步行約12分鐘，
或搭乘免費校車，約5分鐘

S 銅像 tatue

東京銅像觀察學

日本東京街頭有許多銅像，許多人對這些銅像充滿興趣，甚至組織「銅像偵探團」，四處探查銅像的地點與數量。不過，在一次關於銅像的票選活動中，發現現代市民最喜歡的銅像，並不是偉大的政治人物，而是一些虛擬或傳奇的人物，甚至是動物或機器人等等，令人感到非常不可思議。

地図に残
TAISEI

約束的犬

「約束的犬」意即「守信用的狗」，東京街頭人們最熟悉的銅像，就是澀谷車站前的忠犬八公銅像，被稱為「小八」的忠犬八公，相傳為一隻忠心的秋田犬，主人在世時天天陪伴教授主人（東大農學部教授上野英三郎）到澀谷車站，主人下班時則到車站接他一同回家。後來主人過世了，秋田犬小八還是天天到車站等候主人歸來。這種忠心耿耿的表現，感動了許多人，也成就了一段傳頌許久的動人故事。

澀谷的忠犬八公銅像不僅成為東京最具代表性的象徵物之一，連好萊塢也迷上這隻可愛的秋田犬，將這個故事拍成電影《忠犬小八》（*Hachi: A Dog's Tale*），並請帥哥李察·吉爾來擔任故事中的教授角色，讓這部電影還未上映，就已經受到大家的矚目。日本故事改為美國版本，不僅角色換成美國人，連澀谷車站也變成美國小鎮車站，慶幸的是，主角小八依舊是一隻可愛的秋田犬，否則整個故事肯定走味，也會失去忠犬八公的傳奇原味。

忠犬八公的故事在軍國主義時期被廣為推廣，當作忠孝節義的重要教材，解嚴前的台灣，也喜歡傳頌這樣的忠犬故事；事實上，有人卻認為這是一種愚忠的洗腦過程。不論如何，忠犬八公終究是東京澀谷的重要象徵物，這座矗立在澀谷

忠犬小八銅像豎立於澀谷車站前，已經成為澀谷重要的地標物。

車站前的忠犬八公像也成為日本票選最受歡迎的十大銅像之一。

澀谷的忠犬八公銅像尺寸其實十分小巧，在車站站體不斷擴張之下，第一次到此的外國觀光客已經很不容易找到這座銅像的位置，不過人們卻可以很容易地在車站附近找到關於忠犬八公題材的事物。不論是牆面上、街道上的公共藝術作品，亦或是宣導禁菸的海報，無不是使用忠犬八公作為創作的題材，相對於池袋的貓頭鷹象徵物，澀谷的忠犬八公更受人矚目及喜愛。

忠犬八公銅像雖然可愛受歡迎，但是這隻秋田犬孤獨痴情地在澀谷車站前，等待著永遠不會回來的主人，想起來還真令人感傷！所以二〇一五年三月八日（忠犬小八逝世八十週年），東京大學特別在農學部彌生講堂前，設立了一座忠犬與教授重逢的銅像，讓這個感人的故事有了happy ending，看著教授與忠犬的重逢，小八雀躍的表情，我想所有養過狗的人，都會深受感動。

忠犬與教授重逢的銅像（東京大學彌生講堂）
地址：東京都文京區彌生1-1
電話：03-3812-2111
交通：從「東大前站」1號出口出來，步行約1分鐘

烏龍派出所

日本最受歡迎銅像第一名竟然不是偉大的政治人物，而是一位虛擬的卡通人物「兩津勘吉」。兩津勘吉是卡通《烏龍派出所》中的主人翁，因為其個性憨厚海派，具有傳統江戶男兒的特色，因此廣受民眾的喜愛。

卡通中設定的《烏龍派出所》位於龜有公園前，因此龜有地區就成為粉絲們去探尋《烏龍派出所》的目的地，也使得「龜有」這個小地方逐漸吸引許多觀光客前來。為了滿足觀光客的朝聖心理，龜有地區特別在車站前豎立了兩津勘吉警員的銅像，而車站前的小警局也被觀光客們認定是卡通中的《烏龍派出所》。

事實上，整個龜有地區總共豎立了十一座卡通人物的銅像，包括火辣女警麗子、富豪警員中村，以及兩津的長官等等，讓朝聖的觀光客們可以按圖索驥，看完所有銅像，同時也逛遍小城鎮的所有大小地方。豎立銅像成為小地方吸引觀光客的策略工具，而兩津勘吉銅像的設立也成為創意產業振興地方的成功案例。

在民主時代中，銅像的設置考慮不再是歌頌政治功德或商業私利宣傳，而是去思考這座銅像與市民的日常生活、傳統記憶，甚至鄉土社區榮耀等之間的關係，才能讓市民免除心理上的政治侵犯與商業騷擾，真正感受到「這是個市民的城市」的歸屬感。

龜有車站前的兩津勘吉銅像，是日本票選最受歡迎的銅像。

鋼彈、恐龍與西鄉隆盛

雖然西鄉隆盛是日本歷史上的政治人物，但是上野公園內西鄉隆盛牽著小狗的銅像，竟然也入選十大銅像之一，可能是因為這隻小狗太可愛了吧！事實上，西鄉隆盛位於上野公園內的銅像，可說是東京的象徵物之一，甚至公仔業者曾製作販售這尊銅像的公仔，非常受歡迎！

其實除了西鄉隆盛銅像，被視為東京另類象徵物的大恐龍哥吉拉，也有自己的銅像。這尊大恐龍銅像，原本被安置於有樂町街頭，但是後來在有樂町大型的商業開發案中，原本小小的銅像，被替換成顯眼巨大的雕像，也證明了大恐龍的無窮魅力。

日本人除了替小狗、恐龍，以及卡通人物豎立銅像之外，竟然也為動畫中的鋼彈豎立銅像。對於鋼彈迷而言，東京還有一處朝聖的地點，那是位於西武新宿線上井草站上的鋼彈機器人銅像。因為上井草地區也是製造鋼彈相關公司的匯集地，因此便立了一尊鋼彈機器人於站前。這尊鋼彈銅像張開雙手朝向天空，是紀念第一集動畫「鋼彈立於大地」，該站月台也以卡通主題曲〈飛翔吧！鋼彈〉作為電車開車音樂。

事實上，豎立鋼彈銅像於當地車站，最大目的當然還是著眼於地區性的商業

上野公園的西鄉隆盛銅像，因為帶著一隻小狗，因此也得到許多人的喜愛。

復甦，盼望藉著鋼彈的高人氣，吸引更多觀光客來當地消費。面對台灣地區蓋奇怪的高跟鞋教堂、鑽石教堂等，網路上鄉民紛紛對此表達不滿，甚至有人發表意見說，如果把所有蔣公銅像以及國父銅像熔解，鑄造成巨大鋼彈或薩克銅像，一定可以造成更大的吸睛效果。

不論如何，觀察銅像的設置潮流可以發現，越是民主的國家，政治銅像越不受歡迎！或是我們可以這樣說，政治銅像的設置多寡，其實也是一個國家專制或是民主的指標象徵。台灣過去強人政治時代，政治銅像林立，如今解嚴後，或許面對銅像也可以像日本一般，用比較輕鬆的角度去看待。

日本人真的是奇特的民族，連鋼彈機器人與大恐龍哥吉拉都替它們樹立銅像。

T
寺廟神社
emple

寺廟神社的重生

東京是座充滿新意的城市，因此東京的寺廟建築也經常面臨必須創新的需求，但是東京的寺廟沒有京都那麼多傳統的壓力，可以有許多新的創意。事實上，築地本願寺本身一九三四年的重建設計就是一種異形變種，建築師伊東忠太大膽使用前所未有的建築型式，創造出完全不同的寺廟建築，而最近築地本願寺的整修，更有許多令人驚奇的新意！同樣地，位於神樂坂的赤城神社，這些年也出現維修經營的經濟困境。後來寺廟與開發商合作，聘請名建築師隈研吾設計，最後終於創造出一種雙贏的模式。東京寺廟的創新模式，的確令人刮目相看！

築地本願寺

築地本願寺是日本異形建築師伊東忠太所設計的寺廟，也是東京最奇特的寺廟建築之一。這座寺廟距離築地魚市場不遠，原本是為了關東大地震慰靈而設計建造，但是建築師伊東忠太卻沒有遵循傳統的寺廟建築模式設計，反而以自己在亞洲各地考察的建築形式來呈現，甚至加入許多他自己想像中的怪獸雕像，讓這座築地本願寺成為非常特殊詭異的東京寺廟。

築地本願寺的圓頂與寶塔，其實比較接近印度地區的寺廟建築，石材砌造的寺廟也不同於傳統木造寺廟，更奇特的是，寺廟內有彩繪花窗，以及管風琴，甚至可以在大殿內舉辦結婚典禮。有一次我到築地本願寺參觀，正好有婚禮舉行，進入大殿內，只見排滿座椅，參加的賓客們穿著洋裝、燕尾服入座，忽聞管風琴樂音響起，那音樂讓人感覺不似佛寺裡的梵音，反而比較像是教堂內的聖樂，再加上光線從彩繪玻璃射入，整個空間感受讓人誤以為是在歐洲的哥德式大教堂裡。

伊東忠太本身酷愛動物，甚至出版過一本《伊東忠太動物園》的書，媲美哈利波特系列的《怪獸與牠們的產地》，在築地本願寺就可以找到許多一般寺廟所沒有的怪獸，像孔雀、猴子、大象等等，入口階梯兩側則是有翅膀的大型獅子雕

築地本願寺內裝設有管風琴，也可以在此舉辦婚禮，婚禮中管風琴演奏樂聲悠揚，讓人以為是在哥德式大教堂裡。

像。

我喜歡作一種在城市中尋找建築物上動物雕像的遊戲，我將這種活動稱為「建築動物園」。在台北的城中區裡可以找到許多動物，其中我最喜歡的是位於衡陽路的合作金庫建築，上方站著兩隻眼睛圓睜的貓頭鷹，代表不睡覺的貓頭鷹日夜守衛著金庫大門。另外，二二八公園對面的台博館土銀分館，柱頭上也有奇特的怪獸，有點像是狒狒，又像是獅子，又可能是帶著盔甲的波斯武士雕像，因為是Art Deco風格的設計，所以呈現較為幾何的形式。來到東京築地本願寺，也可以玩「建築動物園」的遊戲，穿梭在寺廟中，可以發現許多不知名的奇特怪獸，這也成了參觀築地本願寺的樂趣之一。

築地本願寺剛完成整建工程，主要是將整個寺廟廣場與周邊服務設施，做完整的規劃與設計，特別是廣場旁的接待所建築，除了有簡報廳以及資料陳列館之外，最令人驚奇的是，有一家舒適明亮的寺廟咖啡館「築地本願寺咖啡Tsumugi」，供應咖啡、甜點與冰淇淋，播放的音樂不是佛唱，而是爵士樂，讓人心情完全放鬆，卻也沒有覺得寺廟與咖啡店有任何違和感。

咖啡店既然被稱作是「寺廟CAFE」，當然有「佛系感」的特色餐點，最令人驚奇的是，早上到本願寺可以吃到一整套超豪華「十八品目的早餐」，那是日本式的清粥小菜，小菜被分別放置在十六個小碟子裡，再加上清粥、味噌湯，剛好湊成十八品；每個小碟子裡的菜色都精緻美味，碟子下也有註明小菜名稱及

「築地本願寺咖啡Tsumugi」特別供應「18品目的早餐」，非常有特色！

築地本願寺
地址：東京都中央區築地3-15-1
電話：03-3541-1131
營業時間：06:00-17:30，營業時間可能會隨著季節調整
交通：從「築地站」1號出口出來，步行約1分鐘

來源，包括松露蛋捲、山椒烤鴨肉、魚漿炸豆腐、昆布佃煮、海苔明太子等等，許多都是就地取材，因為隔壁就是食材豐富的築地市場。

在築地本願寺的咖啡館，聽著爵士音樂，聞到咖啡香，卻吃著比台北街頭華麗不知道多少倍的清粥小菜，感覺非常奇特，這種經驗也只有在東京這座城市裡可以體驗。

築地本願寺最近剛完成周邊設施的規劃整建工程。

築地本願寺中，有許多神奇的怪獸雕像，是一般寺廟罕見的。

神社公寓

從新宿搭乘東京中央線電車往東，在飯田橋站下車漫步，沿著石板坡道往上走，最後會到達一座歷史悠久的古老神社。神社前的鳥居上有一塊牌坊，上面寫著「赤城神社」，讓人想起在篠原涼子所主演的日劇《最後的灰姑娘》，就曾經出現這個地方。

不過這座神社這幾年已經有很大的改變，不僅古老的神社改建，旁邊居然蓋起了一大棟豪華公寓，更有趣的是，這座神社居然還設有現代化的咖啡館、藝廊與地下停車場，而停車場的入口竟然是從神社底下進入，這一切都顛覆了我們對神社的傳統印象。

這些改變其實是從二〇〇九年的「赤城神社再生計畫」開始，因為東京城市密度極高，對於開發商而言，要找到一塊可以開發新建案的土地十分困難；而神社方面原本是靠幼稚園的收入維持神社運作，二〇〇八年幼稚園招生嚴重不足，導致幼稚園停辦，再加上神社建築日益老舊毀損，社方卻無力修復，最後神社決定邀請三井不動產共同參與重建計畫。

這項計畫除了重建神社之外，三井不動產可以運用神社周邊土地，建造與神社建築風格配合的現代豪華公寓。三井擁有公寓七十年的經營使用權，七十年

隈研吾設計規劃的神社與公寓，彼此並無違和感，呈現出一種共生共存的狀態。

後公寓必須拆除，將土地歸還神社使用。三井不動產特別請來建築師隈研吾來設計，因為他善於用現代手法表達日本建築的傳統精神。

隈研吾運用木條格柵的手法，重建了赤城神社，並且在旁邊設計了一棟立面充滿線條美感的公寓建築，整體搭配十分協調，令參拜者耳目一新。公寓一樓靠近神社部分則設立赤城神社咖啡館（AKAGI CAFE）、餐廳與藝廊，供參訪者使用，咖啡店入口處擺著原本舊鳥居上「赤城神社」的牌坊，我們坐在咖啡館裡，吃著主廚特別料理的西餐，看著落地窗外正舉行著嚴肅的傳統神社婚禮，感覺十分特別！

「赤城神社再生計畫」的確是個有創意的都市更新案，在這個案子裡，神社與開發商各取所需，神社得到重建的建築經費，而開發商得到市中心高級區的經營機會，住戶更可以天天面對公園般的神社，甚至有得到神明護佑的感覺，這樣的開發創意或許可以為國內都更提供另一種新的可能性（不過唯一不同的是，日本人認為住在神社旁是一種福氣，但是國內房地產市場卻認為寺廟是嫌惡設施）。

赤城神社
地址：東京都新宿區赤城元町1-10
電話：03-3541-1131
参拜時間：09:00-17:00
交通：從「神樂坂站」1號出口出來，步行約1分鐘

T

高塔

ower

廢墟重建的幸福象徵

在電影《ALWAYS幸福的三丁目》的海報上，可以看見戰後重建的東京廢墟，後方有一座鐵塔正在興建中。那些住在廢墟與違章建築裡的人民，每天看著鐵塔慢慢長高，一直到一九五八年終於完工落成，象徵東京戰後復興的完成，也代表東京從破敗的廢墟逐漸走向經濟繁榮的幸福社會。

對於那個世代的日本人而言，東京鐵塔就是一座幸福的標的物。許多偶像劇或電影裡，都會將暗夜中發光的東京鐵塔，幻化成精神性的標的物。劇中到東京打拚的小人物們，看著東京鐵塔，就覺得自己只要努力堅持下去，一定可以在這座城市得到幸福。

地質

鐵塔與東京

事實上，東京鐵塔並不是戰後日本建造的第一座鐵塔，戰後的日本掀起了一股「鐵塔狂熱」，許多城市都相繼建造鐵塔，一方面作為精神象徵，一方面也作為電視塔使用。包括札幌、別府、福岡、大阪、名古屋等城市，都相繼建造鐵塔，而且有趣的是，竟然都是留美歸國的內藤多仲博士所設計。因此內藤多仲還被稱作是「鐵塔博士」，他所設計的六座鐵塔也被稱作「鐵塔六兄弟」，東京鐵塔在其中，排行第五位。

鐵塔的完工，象徵著東京經濟的復甦，因此東京也開始積極投入國際活動，一九六四年更承接舉辦了奧林匹克運動會。在那個世界性活動中，東京以自己的建築師來建造奧運主場館，並且趁機為東京進行大改造，當年的建築教父丹下健三，帶領著他的學生們設計建造代代木競技場等龐大結構建築，也奠定了日本建築師的世界地位。他的學生們黑川紀章、磯崎新、菊竹清訓等人更發表了「代謝派」的宣言，在反叛的六〇年代，傳達出新世代對於新建築的積極企圖。

一九六八年，東京進入反安保、全共鬥等學生運動的混亂中。村上春樹那年正式入學，成為早稻田大一學生，因為學生運動占領校舍講堂，那一年他其實也沒有好好上到課。直到一九六九年機動隊衝入學生占領的講堂、驅趕了學生，一切才逐漸落幕。一九七〇年，三島由紀夫切腹自殺，為整個動盪的六〇年代劃上句點。

不過一九七〇年代大阪舉辦的世界博覽會，正是那些代謝派建築師崛起、大展抱負的機會。丹下健三帶領著他的學生磯崎新、黑川紀章等人，在這裡創造了一座未來派十足的前衛樂園。會場中央巨大突出的太陽塔，正是岡本太郎的巨型雕塑，象徵著日本的過去、現在與未來，岡本太郎所言：「藝術就是爆炸！」正是日本六〇年代的熱血與反叛！

我想到大友克洋一九八八年的動畫作品《阿基拉》（*AKIRA*），動畫中融入了關於六〇年代社會運動、東京奧運、爆走族飛車黨，以及核爆恐怖記憶等事件。不過最特別的是，這部動畫裡的東京設定在二〇一九年，故事中大友克洋預言了東京隔年將舉辦奧運，如今竟然都成真了，令人驚訝不已。

二〇一一年日本三一一地震海嘯，引發福島核災，使得日本陷入浩劫廢墟之中。但是二〇一二年「晴空塔」落成（這是第二座東京鐵塔），再次為日本東京帶了新的希望。晴空塔高六三四公尺，幾乎是舊的東京鐵塔（三三三公尺）兩倍高，呈現出新世紀人類對於高塔的野心與科技的進步。

鐵塔落成之後，東京又將在二〇二〇年舉辦奧運會，「浩劫—建塔—奧運」，整個情景演變竟然與半個世紀前似曾相識，歷史似乎再次重演?!這是巧合，還是天註定？讓我們繼續看下去。

在AKIRA動畫中，東京面臨巨大的毀滅災難！

晴空塔效應

晴空塔的建立，可說是這幾年來東京市區最令人興奮的事！人們一掃過去因為經濟不景氣與地震天災所帶來的陰霾憂鬱，重新以開心的笑臉來迎接新鐵塔時代的來臨！如果說舊的東京鐵塔象徵著東京戰後重建所建立的幸福生活；晴空塔則象徵性地代表著三一一地震浩劫後，日本人新的希望與對幸福的祈禱！

晴空塔儼然已經成為東京市新世紀的建築地標與心靈地標，有如富士山一般，是東京市民喜歡仰望，並且認為會帶來幸福的吉祥事物。昔日在東京市區很容易從較高的地方看見富士山，稱作是「富士見」，後來因為高樓越蓋越高，人們越來越不容易在街道上看見富士山，只好去錢湯（澡堂）欣賞，因為大部分的錢湯，牆上都繪著富士山的圖像。

另外一種「富士見」的方式，是去吃富士山造型的雪花冰，或是堆成山形的大阪燒，藉以安慰看不見富士山的遺憾。晴空塔落成之後，東京市區，特別是台東區或隅田川沿岸的商家，就開始推出關於「塔見」的商品，例如「塔見酒」（邊喝酒邊欣賞晴空塔）、「塔見錢湯」（邊泡澡邊欣賞晴空塔），以及「塔見便當」等等，欣賞晴空塔（塔見）遂成為賞櫻（花見）、賞富士山（富士見）之外，東京市民最熱衷從事的活動。

晴空塔落成後，成為東京這座城市重要的地標，也出現在許多東京紀念商品的封面。

つぼ八

許多商家甚至推出了關於晴空塔的食品，特別是鐵塔附近的商家，有甜點店推出疊得十分高聳的冰品，以呼應晴空塔；也有咖啡店擺出大型的晴空塔模型，號稱在他們店裡可以看到晴空塔。鐵塔下的商場也幾乎都以晴空塔為號召，用各式糕餅堆疊出晴空塔的造型，甚至有法國點心馬卡龍所堆疊的高塔，或是巧克力所製作的高塔等等。

我吃過做成大佛造型的紅豆餅，吃過鋼彈機器人造型的人形燒，但是卻沒有看過哪一棟建築被如此廣泛地製作成食物及商品，這代表晴空塔這座建築受到人們的喜愛與接納。不過日本重要的地標建築，通常都會在電影中遭受怪獸的侵襲，甚至慘遭摧毀，不論是舊的東京鐵塔、東京都廳，還是國會大廈，都曾遭受怪獸攻擊，唯有晴空塔至今還未遭受攻擊。

我坐在隅田川旁的餐廳，啜飲著塔見酒，欣賞著晴空塔的英姿，腦海中竟然出現大恐龍怪獸攻擊晴空塔的畫面！

東京晴空塔
地址：東京都墨田區押上1-1-2
電話：0570-55-0634
營業時間：08:00-22:00
交通：從「押上站」出口出來，步行約5分鐘

仰望晴空塔的人形公共藝術作品。住在這附近的居民，每天都會抬頭仰望晴空塔。

作繭自縛的大樓

摩天大樓建築是形塑城市天際線重要的因素，不過從二十世紀初期的紐約摩天大樓，到台北一〇一摩天大樓，基本上摩天大樓的造型並沒有太大的改變。

摩天大樓造型沒有太大改變的原因，一方面是因為摩天大樓重視結構強度勝過其造型的設計；另一方面也因為高聳尖銳、刺入雲端的摩天大樓造型，還是比較能夠滿足企業老闆們好強競高的心理需求。

但是東京新宿地區出現了一座奇特的摩天大樓，其特殊的建築造型不同於上個世紀的摩天大樓，改變了新宿地區的天際線，同時也宣告了新世紀摩天大樓的時代已經來臨。這座大樓以一種少見的橢圓修長外型出現，外牆交織著白色線條，猶如外星異種生物到地球上的卵形織繭，因此摩天大樓也命名為「織繭大樓」（Cocoon Tower）。

這棟大樓在興建期間就已經因為其特殊外型而吸引眾人的目光，不過，令建築界驚訝的卻是設計這棟大樓的建築師事務所，正是日本建築界稱為「建築之神」丹下健三的建築師事務所。丹下健三前幾年過世之後，事務所由其兒子丹下憲孝所承接，在父親盛名的壓力之下，人們並不覺得丹下憲孝會有什麼偉大、令人稱讚的作為。

織繭大樓的造型顛覆了一般人對傳統摩天大樓的既定印象。

而且，整個西新宿地區摩天大樓，幾乎就是丹下健三的天下，從高聳雙塔的東京市政廳，到新宿花園中心（Park Tower）建築群，都是其事務所設計建造的。如今丹下健三雖然過世了，其子竟然可以在西新宿地區另立標竿，建立起令人矚目的新型態摩天大樓，真可謂是「虎父無犬子」吧！

「繭大樓」的出現為整個東京天際線帶來新的視覺震撼，而以「繭」作為新世紀摩天大樓的造型靈感，似乎有意呼應數位時代「繭居族」盛行的社會現象。但「繭大樓」卻不是繭居族的夢幻住宅，這座大樓基本上是年輕人的新世紀技術學校，傳授著新時代城市謀生的新伎倆，不論是美容、設計、模特兒等，都是潮流都市最時髦的行業。

我看著來來往往，進進出出的年輕人們，相信他們早已走出自己封閉的繭居生活，進入這座巨型的織繭大樓，學習與他人一起去編織新世紀的城市文化。

織繭大樓（Mode學園蠶繭大廈）
地址：東京都新宿區西新宿1-7-3
電話：03-5339-7612
書店營業時間：10:00-23:00（只有B1、B2的書店可供遊客參觀）
交通：從JR「新宿站」西口出口出來，步行約3分鐘

U

烏托邦

topia

東京桃花源

電影《阿拉斯加之死》（*Into the Wild*）中描述的是一位大學畢業的青年，為了逃避社會的虛偽與欺騙，燒掉自己的駕照、社會安全卡、畢業證書，把他的求學基金捐掉，最後燒掉剩下的僅有現金，隻身走入荒野，企圖逃離這個世界，讓自己重回最原始的自然，成為一個原始卻又高貴的人類。

當然這樣的理想實在有些天真，大自然並非他所想像那般單純善良，人類社會也非他所以為的如此虛偽無情。他在旅行途中，接受了許多善良人民的幫助與關懷，同時也在大自然中體會生存的殘酷與無情。最後他在一輛廢棄的巴士住所中，孤寂地，無助地死去。

主角克里斯多夫．麥肯迪尼斯（Christopher McCandless）受到拜倫與梭羅的影響至深，電影一開始就引述拜倫的話：「我愛人，更愛自然！」原文是：

There is a pleasure in the pathless woods,
There is a rapture on the lonely shore,

カン・ペットボトル
もえるゴミ

There is society where none intrudes
By the deep sea and music in its roar:
I love not man the less, but nature more.

梭羅的想法也深深影響克里斯多夫，梭羅堅決反對任何機構化的組織，他認為生活在美國大自然中的人，可以自由地過一種沒有國家社會義務責任的生活，他說：「但願每個人都能謹慎地找到並堅持自己的生活方式。」克里斯多夫用行動回應了梭羅的呼籲。

克里斯多夫逃離世界的方法，如此極端而堅決，我們幾乎只能想想，卻少有人敢去嘗試。對我們都市人而言，需要依靠家人朋友互助才能生存下去，同時也必須擔起扶養家人的責任，關於逃離世界這件事，僅能以短暫的逃離，作為一種生活的療癒。

居住在超級都市東京裡的人，應該無時無刻不想逃離這座城市，躲到無人煙的荒野去生活。但是現實生活卻總是不容許這樣的行動，因此東京人更需要有短暫逃離現實生活的桃花源。

三省堂

逃避城市現實的遊園地

東京雖然有大型的迪士尼樂園，但是那座樂園是國際性的，也是屬於觀光客的，對於東京人而言，在都內大大小小的遊園地，才是他們假日休閒舒壓的最愛。東京是個遊園地很多的城市，所謂的「遊園地」意即「遊樂場」，是城市中供市民闔家光臨玩樂的園區，通常都設置著許多遊樂設施，讓忙碌緊張的城市居民可以在假日放鬆心情，盡情歡樂。

遊園地不僅是個全家大小的歡樂場所，有時候也成為都會情侶約會的歡樂場所，因為遊園地儲存了許多東京人童年的歡笑記憶，成為回顧昔日美好記憶的城市空間。戰後的日本東京，生活十分辛苦，許多場景的確就像《ALWAYS幸福的三丁目》電影中所描述的一般，當年能夠全家到遊園地遊玩，就等於是生活中令大家興奮許久的事，遊園地慢慢地成為東京人心目中的城市歡樂地標，也是內心中那個純真年代的美好圖像。

不過，聽說在那個艱苦的年代中，有些人在走投無路之際，準備全家一起走上黃泉路，在自殺之前，居然先帶全家大小一起去遊園地，享受闔家歡樂的最後一刻。可見遊園地在東京家庭心目中，扮演著何等美好歡樂的角色。

淺草花屋敷遊園地是日本最古老的遊樂場，始於江戶中晚期一八五三年，後

淺草花屋敷
地址：東京都台東區淺草2-28-1
電話：03-3842-8780
營業時間：10:00-18:00，營業時間可能隨著天氣變化而調整
交通：從「淺草站」出口出來，步行約5分鐘

來曾經遭到拆除，戰後才又重建。但是所有設備與遊樂器材都算老舊簡單，有東京最老的雲霄飛車，以及旋轉木馬、咖啡杯等等，完全不刺激、不可怕，卻也充滿昭和時期的懷舊氛圍，頗能配合淺草雷門寺附近的古舊氣息。雖然園內遊樂器材老舊稚拙，但是卻吸引許多市民前來緬懷過去的時光。

後樂園則是一座與巨蛋球場結合的遊園地，這個地方原本是後樂園球場，長期以來都是讀賣巨人隊的主場，一九八八年改建成東京巨蛋及遊樂場，是許多娛樂圈巨星舉辦大型演唱會的重要場地。但是單靠巨蛋本身，無法維持整個地方的經營，因此必須在巨蛋旁建造酒店、商城，以及遊樂場，藉此補貼巨蛋維持的經費。

巨蛋有大型賽事或演唱會時，整個地區人山人海，巨蛋飯店也是一房難求；但是沒有活動時，後樂園巨蛋就冷清得不得了，必須靠週末假日來遊樂園的顧客支撐生計。利用巨蛋旁的空地建造遊樂園，使得所有器材設備必須擠在一起，甚至穿梭交錯，形成一種奇特的景象，也讓這裡的雲霄飛車更形刺激嚇人，每每經過此地，老遠就可以聽見尖叫歡笑聲，讓空寂的巨蛋多些生氣！

刺激新奇的遊樂設施，吸引許多年輕人前來消費，巨蛋球場、巨蛋商店街，加上後樂園遊園地，組合成一座歡樂的休閒城堡，也是東京巨蛋得以生存的重要策略。

我和許多東京人一樣，喜歡搭乘緩慢的荒川都電，到荒川遊園地去走走。週

荒川遊園地
地址：東京都荒川區西尾久6-35-11
電話：03-3893-6003
營業時間：自從2018年12月1日起休園，預計於2021年夏季重新開幕
交通：從都電荒川線「荒川遊園地站」1號出口出來，步行約5分鐘

末假日遊園地裡擠滿社區居民，大家喜歡在假日攜家帶眷，到這座老舊卻便宜的遊園地消磨時光，這是一座不會給人壓力的遊園地，也是附近居民難得的休閒空間。那些遊樂器材真的不好玩，但是我可以看見遊園地中的男女老少，都帶著滿足的微笑，證明一座受歡迎的遊園地，不在乎其設備新或舊，重要的是，城市居民在此可以共享歡樂時光，並且留下美好的城市記憶。

New Era

東京巨蛋城遊樂園
地址：東京都文京區後樂1-3-61
電話：03-5800-9999
營業時間：平日11:00-21:00，假日10:00-21:00
交通：從「後樂園站」2號出口出來，步行約1分鐘

另一個時空秘境的入口——豐島園

東京的遊園地密度很高，從戰後東京重建以來，遊園地就不斷地設置，除了平面式的遊樂場之外，早期在百貨公司屋頂上，也會設置遊園地，顧客在百貨店逐層而上消費逛街，最後在屋頂搭乘摩天輪與雲霄飛車，讓所有人的興奮心情達到最高潮。

許多鐵道公司也喜歡設置遊園地，通常都是設在鐵道末端終點站。平日大家搭電車往市區去上班，週日則攜家帶眷，搭反方向電車，前往鐵道公司在郊區開的遊園地。他們上學是在鐵道公司開的學校，住的是鐵道公司在電車沿線開發的新市鎮社區，等於説一輩子都與鐵道公司脱離不了關係。

搭乘西武池袋線前往豐島園，對於一般觀光客而言，其實是很冷門的路線。但是歷史悠久，創園已經八十多年的豐島園，卻是許多東京人學生時代最喜歡去的遊樂園。園內有幼兒區，提供簡單不刺激的小小孩遊樂設施；也有大孩子區，讓較大年紀的小孩遊玩。許多遊憩設施還限制年齡，年紀太小、身高太矮都會被擋在門外，基本上是一個看重遊憩安全的遊園地。最特別的是，遊樂場內居然還有寵物遊樂區，讓家中毛小孩也可以盡情在此奔跑玩耍。

豐島園不僅老少咸宜，也是季節賞花的重要地點，六月是豐島園賞繡球花的

重要季節，四月則是賞櫻的好時節。老派遊樂園的好處就是園內植栽茂密，老欉櫻花樹很多，因此春天的賞櫻季節，遊園地內櫻花茂密，美不勝收！你可以想像搭乘雲霄飛車穿越櫻花花海的夢幻景觀，整個畫面加上速度，猶如天堂異境一般，讓人忘卻現實東京的種種壓力，即便是短暫的歡愉與興奮，都讓城市中飽受怨氣的上班族或學生們，重新展現歡顏。連寵物遛狗區也被設置在大棵櫻花樹下，狗狗們在櫻花花瓣飄落下，盡情奔跑跳躍，這樣的畫面對於狗狗而言，應該也是一種天堂的面貌吧！

最特別的是，要到達這座櫻花樂園，只要從池袋搭乘電車，半小時內就可以到達樂園門口，感覺是前往另一個時空秘境的入口，對於東京人而言，遊園地正是他們繁重壓力下的必需品！

豐島園
地址：東京都練馬區向山3-25-1
電話：03-3990-8800
營業時間：10:00-17:00，營業時間可能隨著季節調整
交通：從西武池袋線「豐島園站」出口出來，步行約1分鐘

進入時光隧道——江戶東京建物園

帝國飯店建築，可說是美國建築大師萊特（Frank Lloyd Wright）在海外最重要的一棟經典建築，這座建築延續草原建築的風格，再加上日本本地石材大谷石的運用，凸顯出萊特建築獨有的魅力！

不過隨著戰後經濟成長，帝國飯店老建築改建大樓，萊特所設計的舊帝國飯店門廳部分被保留下來，送到名古屋的「明治村」復原保存。所以很多人興沖沖跑到東京，去住帝國飯店，然後才發現如今的飯店已非當年的萊特建築，想看舊的帝國飯店，還必須跑到名古屋「明治村」，才能一償宿願。

所謂的「明治村」其實就是一座「房屋遺骨收容所」，所有死亡或是被處決的建築，遺骨屍體被送到這裡收藏，甚至展示，這樣的作法雖然不是最佳方案，但是至少可以留存屍骨，讓後人瞻仰遺容。事實上，日本除了「明治村」之外，東京市區也有一座位於小金井市的「江戶東京建物園」，收集東京城市發展中不得不拆除的老建築，包括舊日的錢湯建築、派出所、電車站，以及成排的商店街，還有前輩建築師前川國男的家，可說是研究江戶老建築的極佳博物館。

江戶東京建物園其實是江戶東京博物館的分館，建於一九九三年，占地七公頃之大，就位於小金井公園內。雖然說走在這個地方有如走在中影文化城，但是江戶東京建物園中，保留前輩建築師前川國男的家。

這裡的建築物可都是貨真價實的古董建築，假日走進江戶東京建物園，猶如進入時光隧道一般，回到東京二十世紀初期的光景。回到舊日美好時光，總是會帶給人們一種有如吃棉花糖般的甜蜜感，雖然很多回憶充滿美好的想像，並不真實，但總是能讓人紓解壓力！

每座城市都需要一些類似遊園地的烏托邦，在這個地方大家忘記現實的壓力與殘酷，忘掉城市中的黑暗或醜陋，沉溺在一個異質空間之中，享受短暫的美好與純真，讓東京人在週一開始，又有上班戰鬥的動力！

江戶東京建物園
地址：東京都小金井市櫻町3-7-1（都立小金井公園內）
電話：042-388-3300
營業時間：09:30-17:30，每週一休，營業時間可能隨著季節調整
交通：從西武新宿線「花小金井站」出口出來，搭乘巴士約5分鐘

秋葉原文化的虛擬與真實

電影《電車男》中那個終日流連在秋葉原的宅男，其實是許多日本現代年輕人的寫照。有越來越多的年輕族群，因為習慣與電視、電腦，以及電動玩具相處，而漸漸失去在真實社會與人社交的能力。

他們平日的工作與電腦有關，下班後便躲在家中，利用通訊軟體如LINE或電郵與人溝通，所有的社交活動都必須藉助電子設備才能完成；更有甚者，許多宅男根本足不出戶，他們害怕出門，害怕與人交際應酬，最後連自己家人也不願去面對，把自己鎖在小小的房間中，沉溺於網路或電玩世界中。這種人的生活方式正符合了美國趨勢專家費絲．波普康（Faith Popcorn）在九〇年代初期的預測，當年她出版了《爆米花報告》（*The Popcorn Report*）一書，內容便提及「躲藏。人們正完全撤退到他們唯一可控制的環境——家。每一個人都在挖掘自我的城堡」。她認為「繭居」（cocoons）將成為未來重要的趨勢之一。

電車男與女僕咖啡館

電影《東京狂想曲》中，有一段描述東京繭居宅男的生活，年輕男生在家中足不出戶，過著一種簡單、緩慢卻又規律的生活方式，生活節奏慢到可以感覺到光影的變化，以及時間流動的速度。他唯一與外界聯繫的方式，就是打電話，每個週末他會叫披薩外送，披薩送到時他會打開門縫，將錢拿給外送員，並收起披薩，卻從不看外送員一眼，數百個吃完的披薩紙盒，則整整齊齊地堆放在牆上，形成一種奇特的室內設計風格。

後來「繭居」的風潮越來越盛行，只聽到披薩店的老闆抱怨著，外送工讀生越來越難找，現代年輕人都躲在家中不願意出門，最後披薩店只好使用機器人來充當外送員。這個故事最有趣的地方，是關於繭居族如何突破個人窩巢，勇敢地迎向世界。電影中的繭居男生有一次因為看了外送員一眼，竟然被那位漂亮的外送員（蒼井優 飾演）所吸引，成為他想踏出室外的動機與力量。繭居男為了尋找那位外送員，努力想走出室外，花了一整天，站在家門口猶豫掙扎，最後一鼓作氣，才衝出家門。

結果繭居男發現東京街頭變得空無一人，所有人都獨自窩居在室內，不再出外與人互動；當繭居男努力要說服蒼井優走出自己的窩時，東京突然大地震，所

女僕咖啡館是東京秋葉原次文化的象徵。

有的人不約而同地衝出室外，待地震結束時，所有的人彼此相視，露出靦腆的微笑……。

現實世界裡，東京這個高科技的電子都市，所謂的「繭居族」人口正逐漸增加之中，他們越來越習慣於虛擬的人生，而逐漸不習慣於真實的世界；但不論是電車男或宅男，秋葉原這個地方卻一直是他們生活中最重要的「聖地」，在週末或例假日，總會看見他們流連在秋葉原的身影。

秋葉原在過去是東京著名的電器街，不過這些年來，電器街已經被電玩、公仔所取代，動漫人物也成為秋葉原大街小巷重要的圖像，甚至許多扮演動漫人物的同人誌、廣告人物都活生生地出現在街道上。這幾年，更興起了所謂的「女僕咖啡館」，咖啡館中的女僕以宅男們熟悉的動漫人物造型現身，讓這些不善交際的宅男們，雖然身在真實世界，卻又有如神遊虛擬世界中，卸除了內心的恐懼與防衛，讓宅男們內心充滿安全感與慰藉感。

週末來到秋葉原，滿街的女僕們賣力地招攬客人，只見一位典型的電車男被一位長著貓耳朵、貓尾巴的女僕搭訕，兩人並肩走向夕陽餘暉中，我忽然感覺虛擬世界好像正從時空裂縫滲透進秋葉原。

AME
8 - 20

動漫空間的真實再現

東京是個奇特的城市，這座城市極力將動漫想像實現在真實世界裡，所以我們在東京可以看到動漫世界的鋼彈一比一出現在生活中；我們也可以看見隅田川裡航行的是松本零士漫畫《銀河鐵道999》裡的太空船。

從淺草吾妻橋旁的隅田川公園搭船，可以沿河直下到台場，一般的交通船很普通，也有可以唱卡拉ＯＫ、吃料理、喝啤酒的「屋形船」，但是最受矚目的是科幻流線造型的未來號Hotaluna宇宙船，是仿造漫畫家松本零士《銀河鐵道999》裡的太空船。漫畫家松本零士曾經創作過知名的漫畫《宇宙戰艦大和號》、《宇宙海賊哈洛克船長》，以及《銀河鐵道999》等，未來號就是他漫畫中設計的一艘宇宙船，想不到日本人居然讓這條太空船從虛擬世界來到真實的日本東京，並且航行在隅田川裡，令人十分驚奇！

這艘宇宙船外表流線科幻，玻璃泡泡天窗，充滿科幻想像，進入船內可以聽到《銀河鐵道999》卡通的主題曲配樂，以及劇中人物的聲音問候，還可以看到漫畫主人翁的人形看板，基本上，等於說讓人進入了動漫的情境裡。不過這艘宇宙船與淺草對岸火焰造型朝日啤酒大樓，以及台場富士電視台相呼應，形成一種未來東京的科幻場景。

Hotaluna宇宙船
電話：03-3454-0432
營業時間：約2小時一班，一趟行程約1小時
各乘船地點與預約資訊，可先上官網查詢：https://www.suijobus.co.jp/

科幻與現實之間的差距似乎越來越小，從某個角度來看，似乎虛擬世界入侵了現實生活，但是從另一個角度來想，科幻動漫的確也啟發了人們對未來世界的想像。

日本科學家努力製造機器人，這些機器人已經具備基本的人工智慧，可以與人應對進退，回答基本的問題。設計機器人的工程師們承認，他們之所以想要設計製造機器人，小時候看的動漫《原子小金剛》的確給他們帶來很大的影響，讓他們下定決心，有生之年一定要設計出像原子小金剛這樣的機器人來。

當然沉溺於動漫世界也會帶來不同的生活方式，日本許多年輕人因為動漫的影響，將自己cosplay成動漫世界的人物，經常在街頭聚會交流，甚至有各種不同的cosplay族群，成為街頭引人注目的社群團體。可見動漫虛擬文化的確是東京與眾不同的特色之一，這也是東京與世界各大城市不同的特點。

深田恭子所主演的電影《下妻物語》，就是描述一個整天蘿莉塔打扮的少女，卻遇見暴走族打扮的朋友。這樣的故事人物不僅僅是虛構的，現實生活中總是可以發現有類似的女孩，她們似乎活在動漫的世界裡，但是這種現象在東京，似乎已經是見怪不怪

了！

動漫文化藉由漫畫書、卡通動畫、公仔玩具等，滲透進入東京人的生活中，這些文化產物也成為東京重要的經濟產業，東京應該是扭蛋機與夾娃娃機最多的城市吧。藉著這些公仔玩具，人們可以隨時陷入動漫世界的虛擬想像裡，逃脫現實生活的緊張與壓力。

不論如何，來到東京，你不需要戴上ＶＲ的眼鏡，就可以在現實生活裡，遇見虛擬動漫的世界，這就是東京這座奇幻城市的魅力吧！

秋葉原原本是電子街，如今成為動漫公仔迷的聖地。

W 倉庫 arehouse

東京倉庫神話

倉庫空間寬敞，非常適合各種改造與使用，這些倉庫改造的神奇結果，讓我想到電影《高年級實習生》（*The Intern*）裡女主角安．海瑟薇（Anne Hathaway）的成功新創服飾公司，就是利用老舊倉庫空間，作為辦公室所在；通透高挑的空間，自由的平面，符合新創公司的辦公室精神，因為倉庫面積頗大，女主角甚至還必須在辦公室裡騎腳踏車巡視！

這部電影裡描述銀髮族實習生與年輕創業家之間的互動磨合，結局發現不同年紀經驗的人，可以有不同的互補與幫助，其實是滿好的組合。同樣地，老倉庫與新創公司也是很好的組合，利用老倉庫空間也成為這些年來新創公司的潮流，倉庫的自由平面，其實非常符合新創公司的自由開創精神。

倉庫再利用的案例在世界各地都很常見，特別是港灣城市，總是有許多老舊倉庫的存在，很多倉庫建築在都市更新過程遭到拆毀，少數城市對於老建築充滿懷念與喜愛，因此喜歡利用老倉庫重新改造，賦予倉庫新的生命。

日本各地老舊倉庫再利用的案例，最知名的要算是函館的金森倉庫，

la kagu
35°42'13"N 139°43'59"E

以及最近很時髦的尾道U2倉庫再利用案。金森倉庫是紅磚倉庫的類型，而尾道U2倉庫則是將倉庫改成餐廳、選物店，以及腳踏車旅店，配合尾道整體觀光的再開發，可說是非常成功的作法。

東京近郊的橫濱港赤煉瓦倉庫群也是非常大型的紅磚倉庫再利用案，而且內部使用非常多元，紅磚建築也保留得非常完好，成為橫濱港區觀光的熱門景點。東京市區大型倉庫相較之下比較少，而且因為地價昂貴，閒置倉庫被保留的機會相對微小，所以這幾年東京市區熱門的倉庫建築再利用案例並不多，但是卻極富特色，也都成為時尚潮流的焦點。

東京市區三大倉庫包括隈研吾所設計改造的la kagu、建築倉庫，以及今年非常熱門，位於新木場的CASICA，都是東京目前最時髦的空間，倉庫變身真的有如神話一般，同時也能夠為周邊帶來價值與品質上的轉變。

出版社書庫的重生

以前到神樂坂漫步，總會看到出版《週刊新潮》的新潮社，這家出版社在日本歷史悠久，過去也曾舉辦過各種重要的文學獎賞，是日本文壇最重要的出版社之一。他們所出版的《週刊新潮》雜誌，對我而言，可說是十分熟悉！因為家父少年時在日本求學，雖然後來在台北的美國學校任教，但是家中經常可以看到《週刊新潮》、《週刊文春》等日本雜誌，來到新潮社本社，看見出版社的招牌，總叫我內心有一種溫暖熟悉的感覺。

「新潮社」出版社大樓旁，過去一直有一棟巨大的鐵皮屋倉庫，用來儲藏調度書籍之用，最近這棟建於昭和四〇年代的巨大書庫有了極大的改變，居然變身幻化成一座新潮的時尚文化發信地，甚至帶動附近生態的改變。新潮社請來最近走紅的建築師隈研吾來改造鐵皮倉庫，將書庫改造成一座集合選物賣場、咖啡館、餐廳，以及演講活動場地於一身的時髦地標，並稱之為「la kagu」。

原本書庫位於斜坡上，因此建築師隈研吾在鐵皮倉庫前設計成大型的階梯廣場，讓這個空間不僅是前往賣場入口的階梯而已，而且創造出一個廣場開放空間，讓人們在此逗留、歇息、聚集交談等，在道路狹窄的神樂坂地區，十分難能可貴。事實上，隈研吾的「la kagu」設計，等於為神樂坂附近創造出了一座城市

la kagū™
35°42'13"N 139°43'59"E

廣場空間，讓這個老舊街區綻放出改變的契機。

有趣的是，這座倉庫的改造並未呈現出人們印象中的隈研吾建築，沒有外掛的木板，也沒有交錯的木條或竹林，只是維持外部陳舊的鐵皮倉庫面貌，內部則以白色及木頭色為主，創造出簡潔明亮的感覺，原有的鐵皮鋼骨則呈現出一種原始的工業感。我好喜歡在他們的咖啡館啜飲咖啡，享受東京新潮好物的洗禮，在這裡可以感受到這家出版社的氣質與核心精神。

其實「新潮社」創社已經超過百年，以「新潮」為名，並且出版《週刊新潮》，必定是以走在時代前端、獨領風潮為出版社精神。如今雖然出版社建築已經陳舊，《週刊新潮》也不太新潮了，但是以書籍倉庫改造成的「la kagu」，無疑地，又再次讓新潮社奪回東京新潮的領導地位。

la kagu
地址：東京都新宿區矢來町67
電話：03-5227-6977
營業時間：11:00-20:00，不定期休
交通：從「神樂坂站」2號出口出來，步行約1分鐘

建築倉庫

建築模型是建築設計師發想建築作品的重要工具，同時也是建築師與業主或一般民眾溝通設計概念的最佳媒介。因為專業的建築平面圖、剖面圖，通常很難讓一般民眾了解建築將來的模樣，但是依照比例縮小的建築模型，卻可以讓所有人一目了然，清楚知道建築物將來的完成面貌。

許多建築師在發現提案過程，會依不同需要製作不同的模型，藉此供業主挑選或作為修改參考。這些模型不論大小與精緻程度，幾乎都是建築設計師們熬夜費盡心力所製作出來的，是設計師們的心血結晶。不過因為模型收藏不易，經常被丟在事務所角落蒙塵，日子久了老舊損壞，最後只有丟棄淘汰，十分可惜！

有鑑於此，日本最近成立了所謂的「建築倉庫」，用來收藏展示建築師們的模型。事實上，位於天王洲的「建築倉庫」基本上就是一座完善的模型博物館。原本以為應該沒人會來看這種模型倉庫，想不到進入博物館內，卻看到許多人興致勃勃地穿梭在模型展櫃間，睜大著眼睛仔細觀看每個模型，我才發現原來模型對於一般人是這麼有吸引力！

館內其實有點像倉儲空間，白色架子上陳列著許多模型，包括知名建築師隈研吾、藤本壯介、青木淳、大西麻貴、坂茂、古市徹雄等人的模型，甚至有解構

建築倉庫收藏了許多建築模型，為那些無家可歸的建築模型，提供安身之處。

主義建築師法蘭克．蓋瑞的自宅模型，以及東京天空樹模型等等，目前在台灣南投的紙教堂原始模型，還有忠泰濱江街大樓模型，都被存放在這裡，在恆溼恆溫下妥善保存著。

「建築倉庫」讓我想到蘇俄紙上建築師布洛斯基與尤特金（Brodsky & Utkin）曾經繪製的《房屋遺骨收容所》，在他們的畫中，巨大如圖書館的建築，書架上擺放著的是一棟棟的房子，那些房子是被城市所淘汰的建築，原本是要拆除或毀壞，結果被送到這裡保存，猶如一棟建築物的靈骨塔一般，

建築倉庫博物館（ARCHI-DEPOT）
地址：東京都品川區東品川2-6-10 寺田倉庫總部大樓1樓
電話：03-5769-2133
營業時間：11:00-21:00，每週一休
交通：從臨海線「天王洲島站」出口出來，步行約4分鐘

整個畫面呈現出一股幽暗的淒涼感。又有如村上春樹《世界末日與冷酷異境》裡的圖書館，擺放著許多獸骨，獸骨內儲存著許多人的夢想記憶，等待著「夢讀」去解讀。

「建築倉庫」的確帶有一種建築遺骨收容所的味道，一棟棟建築模型被堆放在高高的層架上，有如一個個房屋逝去的骨骸一般，不過想到這些原本是要被丟棄毀壞的建築模型，可以被保留下來，讓後人觀賞參考，其實也是一樁美事！

建築師坂茂的「紙教堂」模型也被保存在此。

CASICA木材倉庫的變身

CASICA位於新木場站，顧名思義，這裡原來就是東京灣港區存放木頭的地方，而CASICA則是過去特別用來存放「銘木」的倉庫，也就是較為貴重上等的木料倉庫，倉庫原名為「福清」，在斑駁的倉庫外牆依舊看得到這兩個字的字跡。

這座倉庫的改造由CIRCUS事務所的鈴木善雄團隊設計規劃，改造成包括傢俱飾品等選物專門店，一樓部分還有餐廳、咖啡店，二樓則是作為錄音室等studio使用，寬敞的倉庫空間，本來就適合展示與存放，在這裡遊逛欣賞物件，不會有狹窄的壓迫感，所以特別讓人輕鬆自在！

老倉庫販售老物件，整體氛圍十分搭調，坐在倉庫內喝杯熱騰騰的咖啡，被古老的傢俱與旅行箱等物件環繞，感覺有如陷入舊日的時光之中。古物店總是讓人有神秘的想像，似乎古老的衣櫃傢俱，都是通往納尼亞王國神奇世界的入口。

CASICA的成功與引人矚目，讓新木場這一區成為東京的新名所。老實說，來過東京無數次，我以前卻從未來到新木場，因為這裡的確就是鳥不生蛋的地方。如今拜CASICA之賜，開始有人注意到這裡，也有觀光客會流向這個奇特的地方，當然這個昔日儲放木材的地方，在沒落之後，如今逐漸轉型成為東京的新開發區，也為這個地區的轉機引燃火花！

CASICA
地址：東京都江東區新木場1-4-6
電話：03-6457-0832
營業時間：11:00-19:00
交通：從「新木場站」出口出來，步行約5分鐘

W
萊特
right

萊特建築在東京

美國建築大師萊特不僅是美國人的英雄，事實上，也是日本人的建築英雄。萊特早年即醉心於日本文化，他曾多次來到日本旅行，同時也收藏日本藝術品、陶瓷作品等，後來受邀到日本設計建築，目前在日本地區仍然存有他的作品，包括自由學園明日館、帝國飯店門廳，以及位於神戶的迎賓館。

建築大師萊特的作品，在世界各地都被當作寶貝來對待，任何城市只要有萊特的建築作品，就會被視為國寶般，好好維修珍惜，成為重要的文化財。

體驗帝國飯店的榮耀與光輝

東京最大的萊特建築是聞名的帝國飯店，但是飯店早已改建，漂亮的門廳建築被移置到名古屋的明治村裡，想要看這棟建築，也只好到名古屋明治村，緬懷帝國飯店的「遺骨」了（我一直覺得明治村是房屋遺骨收容所，在建築物被宣判死亡之後，將遺骨收藏於此地）。

帝國飯店雖然搬到明治村裡，但是建築物最重要的門廳部分保存良好，坐在大廳中喝下午茶，咖啡杯盤還是萊特先生當年所設計的，當下午陽光斜射入富麗堂皇的大廳裡，讓人感覺回到昔日東京帝國飯店的榮耀與光輝！

關於萊特的帝國飯店歷史，建築師萊特從一九一五年就開始設計，一九一七年開始施工，一直到一九二三年八月才全部完工。但是當年九月一日，東京就遭逢世紀大地震。在西方的建築歷史教科書裡，都說一九二三年的關東大地震，東京的建築幾乎全倒，只有建築大師萊特的建築依舊完好挺立，讓大家對萊特有著神格化般的崇拜。但是在日本「窺看」系列作家妹尾河童的著作裡，談到關東大地震時帝國飯店的確沒有倒塌，但是帝國飯店附近的許多建築也都安好。事實上，帝國飯店內部在地震中也有許多損壞，而且關東大地震期間，萊特根本不在日本東京，而是在美國本土，可見萊特吹噓的功力極強。

明治村
地址：愛知縣犬山市字內山1番地
電話：0568-67-0314
營業時間：10:00-16:00，每週一休，營業時間可能會依季節調整
交通：從名古屋鐵道「犬山站」出口出來，搭乘公車約20分鐘

雖然萊特自負又驕傲，但是他對建築設計的確有其獨到的見解。萊特在帝國飯店建案上，特別選用大谷石做建材。這種石材對於日本工匠而言，是不屑一顧的材料，因為大谷石脆弱又多孔洞，根本不適合做建材，甚至不適合作為雕刻之用。但是萊特看中這種石材的獨特個性，執意使用大谷石，最後讓這種石材成為萊特獨特的建築特色之一。杉本博司在最近完工的江之浦測候所，特別在接待所建築中使用大谷石，算是對萊特建築的致敬。

在帝國飯店大廳，可以欣賞萊特建築的細部以及大谷石特有的質感。

真誠而親切的自由學園明日館

東京池袋的自由學園明日館，是美國建築大師萊特遺留在日本東京最完整的建築，如今也被列為東京的重要文化財。自由學園明日館原為一女子小學校，創辦人羽仁吉一夫婦為虔誠基督徒，他們有鑒於日本婦女當年的社會地位低落，希望藉著教育改變日本婦女地位，因為《聖經》上說：「你們必曉得真理，真理必叫你們得以自由。」所以將學校取名為「自由學園」，並且請來美國建築師萊特，為他們設計女子小學校。

萊特先生在日本有一位建築徒弟遠藤新，自由學園明日館對面的明日講堂建築，其建築風格十分類似萊特的風格，甚至不知情的人會認為這座建築根本就是萊特操刀設計的；事實上，這座明日講堂是出自萊特徒弟遠藤新的手筆，遠藤新在日本設計了不少萊特風格的建築，也推動了萊特建築成為日本現代建築的一支流派。日本評論家在形容遠藤新時曾說：「他，簡直就是萊特的複製品，到死還脫離不了萊特的影子。」可見他對老師萊特先生的強烈崇拜。

如今自由學園明日館在整修維護後，開放讓人參觀，不過，這座歷史建築不像一般博物館不能碰、不能吃東西，甚至不能喧譁活動，在這座建築裡，居然可以悠閒地喝咖啡，也可以承租辦活動，甚至舉辦婚禮。試想一生重要的婚禮，可

芝生に
入らないで
ください
NISSIN

以在建築大師萊特的房子裡舉行，是何等值得紀念的事！

自由學園明日館裡，除了教室之外，也有漂亮的餐廳，以及寬敞的大廳。室內的桌椅都比一般桌椅小一號，這些精緻的木頭小桌子、小椅子，都是建築師萊特為小學生精心設計的。在這裡舉辦婚禮，可以在大廳舉行儀式，然後到餐廳享用喜宴，只是桌椅都小了一點，不過因為是大師萊特的作品，大家也都不會在意，而且覺得很榮幸！

我經常喜歡住在池袋的大都會飯店，一方面是因為地點方便又不會太吵雜，附近有立教大學與音樂廳，可說是文化氣息濃重的街區；另一方面，這是離自由學園明日館最近的大飯店，一有機會，我就會散步走到萊特設計的明日館。有趣的是，大都會飯店似乎也受到萊特風格的影響，其大廳的燈飾與天花板充滿著萊特建築的氛圍。

春天是自由學園明日館最棒的時光，建築物前不僅保留大片草坪，同時也保留了整排的櫻花樹，春天櫻花盛開，搭配萊特的草原建築，是美國中西部所沒有的獨特景象。對於一般參觀者而言，只要買了門票及咖啡券，就可以進到明日館裡喝咖啡；對附近居民而言，這裡可說是一家安靜又有氣質的藝術咖啡館。特別是坐在大廳的小木椅子上喝咖啡，咖啡香伴隨著萊特建築的古老木頭香味，看著午后光線從萊特設計的花窗射入，一切顯得親切、舒適及安詳。

想像著當年那些小女生們，坐在為她們高度而量身設計的椅子上，舒服地用

餐求學，她們心裡一定充滿了開心與感謝！畢竟從來沒有人好好為她們設身處地著想過。

我想到萊特曾說：「建築和人一樣，首先要真誠、真實，然後還要盡量做到親切和讓人喜歡。」

自由學園明日館
地址：東京都豐島區西池袋2-31-3
電話：03-3971-7535
營業時間：10:00-16:00，每週一休
交通：從「池袋站」出口出來，步行約5分鐘

X
聖誕節
mas

東京的聖誕節

台灣的聖誕節氣息一直不是很濃厚，但若是十二月前往日本東京，卻可以享受最溫馨浪漫的聖誕季節。從十一月底開始，東京各地方就開始佈置聖誕節裝飾，巨型聖誕樹、彩帶、點燈、光雕，出現在各個重要景點，讓整個城市在聖誕季節熱鬧繽紛起來！

雖然日本基督徒人口不多，但是日本人卻非常喜歡聖誕節，甚至將聖誕節視為一年中非常重要的節日。許多日劇都喜歡將完結篇設定在聖誕季節，好像如果能在聖誕節有個完美的結局，一切就太好了！

跟聖誕節有關的日劇包括織田裕二、矢田亞希子主演的《愛在聖誕節》，號稱《東京愛情故事》的接續影集；另外像是山口智子主演的《二十九歲的聖誕節》，道盡了單身女子面臨二十九歲聖誕節的無奈與壓力；最好笑的是石原里美與山下智久所主演的《朝5晚9》，劇中雖然是與和尚談戀愛，但結局還是要與聖誕節有關，最後和尚換穿上西裝，寺廟院內裝置了巨大聖誕樹，兩人就在聖誕樹下接吻，完成了一個甜美的結局。

這些與聖誕節有關的日劇，通常都是秋季影集，因此劇集演到快要結束時，大概就是聖誕節時期了，所以為了應景，就會出現聖誕節的大

結局。從這些戲劇中可以發現，聖誕節已經內化成日本人生活中的重要節日，同時聖誕節的熱烈活動也是日本與西方社會接軌的明顯證據。

日本人開始過聖誕節，是從明治時代開始，當時橫濱、神戶等外國人居留地，聖誕節期間便開始慶祝裝飾，引起日本人的好奇與羨慕，開始有人學習跟著舉辦聖誕節慶。東京的明治屋從明治三十七年起，開始出售聖誕蛋糕，那個時代的小孩們也開始從耶誕老公公的故事書裡，看到聖誕襪裡出現禮物的驚喜，內心渴望可以在聖誕節收到禮物。

但是早年日本一般民眾生活還是困苦，歲末季節多為生活奔波勞苦，根本沒有精神與金錢可以過聖誕節，因此聖誕節慶祝只停留在上流社會，一直到大正時期後，過聖誕節才開始在中產階級流行起來。二戰結束之後，美軍駐軍帶來的影響，更讓聖誕節成為日本人一年中最重要的節慶。

從十二月起，東京各地就有聖誕樹裝飾與光雕表演，最受矚目的是東京Midtown的庭園光雕表演，汐留、銀座、表參道等重要商業地帶，也都有非常華麗的聖誕裝飾，不過這些聖誕節裝飾卻帶著濃厚的商業氣息，令人感到疲累與厭煩。

讓心靈安靜的立教大學校園

我喜歡池袋地區的聖誕節，美國建築大師萊特設計的自由學園明日館，以及有名的立教大學，都是基督教學校，因此聖誕節的氛圍在校園中特別濃厚。百年歷史的立教大學校園，由美國聖公會威廉斯主教所創立，校園建築古典優美，秋天銀杏在紅磚建築的襯托下，有美國常春藤大學的建築氛圍。

立教大學主要的歷史建築都被保存下來，包括正門的本館、第一學生食堂，以及禮拜堂建築。本館的雙塔建築在關東大地震時，一邊的塔樓曾被震壞，修復後兩邊塔樓變得不太一樣。禮拜堂空間在二戰時期則被徵用，當作儲存糧食的倉庫。不過立教大學非常重視學校的歷史建築，在戰後都逐一修繕，即便有新建校舍，也盡量不破壞原本歷史建築的景觀。

第一食堂內部古典優雅，有如哈利波特電影中的魔法學校餐廳，在這樣的學生餐廳中用餐，感覺自己像貴族一般。不過學生餐廳的食物價錢卻是十分親民，每天中午餐廳會推出幾種套餐，包括豬排飯、咖哩飯，或是義大利麵，所有的套餐都是四百日元而已，這樣的價錢在東京，可說是非常的便宜。

十二月初我到立教大學校園散步，金黃的銀杏依然美麗，空氣中瀰漫著靜謐的氣息，突然間我聽到管風琴的聲音，似乎提醒著我：聖誕季節近了！循著樂

立教大學 第一食堂
地址：東京都豐島區西池袋3-34-1
電話：03-3985-2660
營業時間：08:30-17:30
交通：從「池袋站」C3出口出來，步行約4分鐘

聲，我走進了立教大學的禮拜堂裡，靜靜地坐在最後一排椅子上，管風琴樂手彈奏著巴哈的賦格，以及改編的聖誕節音樂，悠揚的樂聲迴盪在整個空蕩蕩的教堂內，讓我內心感覺與上帝十分接近。

在東京這座繁忙熱鬧的聖誕城市中，我終於找到了一個可以讓心靈安靜的地方。

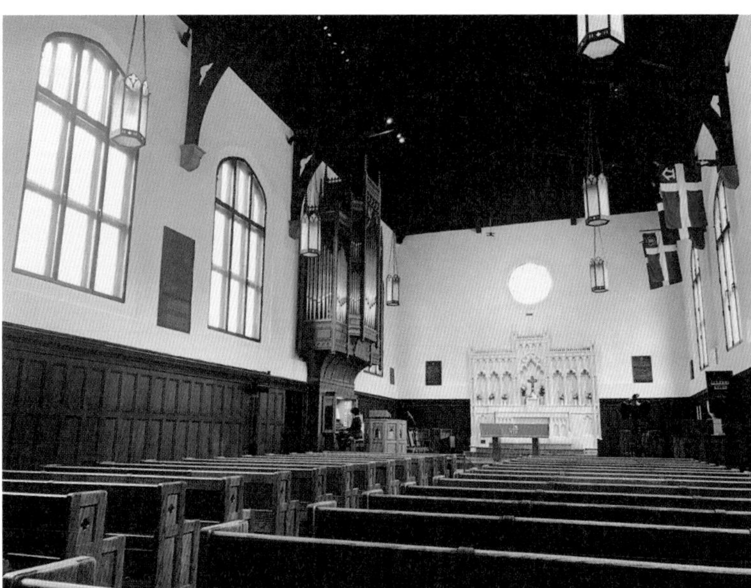

結婚教堂重工業

東京人不僅喜歡過聖誕節，更喜歡以基督教的儀式辦婚禮，有人說日本人的一生可說是精神錯亂，因為他們出生的時候，使用神道教的儀式；結婚的時候用基督教儀式；葬禮的時候，則使用佛教儀式。

辦婚禮這件事在東京，可說是非常隆重與花錢，當然也是一門大生意。幾乎所有的大型飯店都非常重視婚禮這門生意，所以每個飯店都會建造一間結婚教堂，讓新人可以在飯店結婚，順便包下喜宴以及賓客住宿、新娘化妝等上下游生意。

原本結婚這門生意幾乎都是飯店業在經營，不過最近在東京竟然有業者獨力建造豪華結婚教堂，然後以這座教堂為中心，發展周邊宴客與新娘婚紗化妝等生意。位於表參道巷弄內的聖葛雷斯大教堂（St. Grace Cathedral）可說是東京結婚教堂的終極版本。這座教堂被《經濟學人》雜誌稱作是「假教堂」（mock temple），因為這座教堂有著二十八米高的哥德式尖塔，繁複的雕刻與花窗，教堂前還有大階梯，方便賓客婚禮後拍照使用，室內空間挑高十米，極盡奢華之能事，但是整座教堂卻是不折不扣的「假教堂」，因為它雖然稱作是「大聖堂」，卻與任何基督教或天主教會無關，也沒有舉行任何真正的宗教活動，與台灣荒謬

的「高跟鞋教堂」如出一轍。

不過這座「假教堂」卻大賺婚禮財，在聖葛雷斯大教堂結婚，基本開銷一百個賓客的婚禮是四萬六千美金，另外再花錢的話，還可以有詩班、樂團、花藝，甚至豎琴演奏，這樣的婚禮一天可以舉辦五場。更荒謬的是，日本人更偏愛西方人的牧師證婚，但是因為真正的外國人牧師根本不夠用，因此他們就高薪雇用外籍模特兒或演員來假扮牧師，讓整個婚禮更接近新郎、新娘心目中的童話「白色婚禮」（White Wedding，新娘穿白紗的基督教婚禮）。

有人認為日本人之所以這麼喜愛穿白紗的基督教婚禮，與從小接受迪士尼樂園中的王子、公主童話有關，不論如何，在東京表參道目睹這般華麗西式婚禮，讓人不禁傻眼。

青山聖葛雷斯大教堂
地址：東京都港區北青山3-14-8
電話：03-5468-3725
營業時間：場地採取預約制，不開放遊客參觀
交通：從「表参道站」A1出口出來，步行約2分鐘

Y
舊日時光
esterday

懷舊的東京

東京這座城市既前衛又懷舊，既科技又傳統，包容古今新舊所有事物，也就是因為這樣，這座城市才會如此吸引人！好像一棟巨大的房子，有許多房間，每個房間都有不同的年代主題，原本在一個現代科技的房間內，然後到另外一個房間，突然就陷入江戶時期的氛圍。

我喜歡在東京旅行過程中，花一、兩天到老街區走走，舒緩一下東京生活的緊張壓力，在緩慢的步伐中，體驗舊日江戶生活的悠閒。走在這些老舊街區，會感到非常驚訝，因為在這樣一座前衛科技的城市裡，居然還存在著這些老街區，許多人還住在老舊的日本木造房子裡，過著類似百年前的生活，製作著昔日的料理食物。

日本美食作家池波正太郎過去也很喜歡到老街區漫遊，他每天寫作到清晨，然後倒頭大睡，快要日正當中時才起身，接下來就到上野、淺草、銀座等老街區逛遊，尋找老式料理店。他說東京這座城市改變太劇烈，許多老東西都不復存在，但老味道的料理依然在老舊街區裡被保存著，因此他用味蕾去尋找那些遺失在城市裡的記憶。對我而言，池波正太郎不僅是城市漫遊者，也是城市偵探，他用味蕾去探查這座城市的記憶與歷史。

日暮里老街貓咪

東京是個前衛現代的城市，光鮮亮麗的摩天大樓以及緊張快步的上班族，構成了整個城市的主要脈動。但是在這一切進步的節奏後面，居然存在著一些老街區，在那裡時間猶如靜止一般，午後的陽光緩慢移動，貓咪悠閒地坐臥街道，每次我厭煩了東京的緊張快速，就會到這些老街區走走，日暮里正是東京老街的典型代表。

我以前常去日暮里車站，是因為日暮里車站往谷中方向，有一座可以看火車的橋，這座橋上可以看見東日本ＪＲ所有的列車，成為鐵道迷拍火車最佳的地點。橋的欄杆上也以各種火車圖案作為裝飾，站在這裡欣賞火車，再繼續往谷中靈園賞櫻花，是我春天去東京漫遊最喜歡的路線之一。

這幾年日暮里車站有許多改變，一方面舍人線高架捷運電車開通，從日暮里車站可以改搭舍人線高架捷運到北邊的自然公園；另一方面，許多人開始喜愛到悠閒的谷中銀座老街去體驗懷舊的趣味。老街不再是落後破敗的象徵，反倒成為最夯的觀光旅遊景點。

日暮里車站為了因應觀光的需求，也開始改善站體服務設施，增加指示標誌地圖，開設車站便利商店街等等，而這些設施的圖案設計就以貓咪作為老街的象

谷中銀座老街
地址：東京都台東區谷中3-13-1
交通：從JR「日暮里站」西口出口出來，步行約4分鐘

徵。

用貓咪作為老街的象徵物的確是十分貼切，因為在老街上常常可以看見貓咪在路邊、牆頭，或是屋頂上晒太陽、睡午覺，貓咪可以說是老街的經典代表事物。

車站地板上有隻花貓指引著人們商店街位置，圓柱子上也有它的蹤影，甚至可以在車站地面發現貓爪子的痕跡，跟蹤這些貓爪子的痕跡，觀光客被指引到老街地圖指示板前，按圖索驥，便能夠輕鬆地到達想去的老街。

下次去東京，你也可以到日暮里老街，欣賞東京最悠閒的貓咪社區。

古書的麥加聖地

東京這座城市原本就對舊書有一份眷戀，從父親在日本求學的年代，神保町舊書店就是許多愛書的人週末休閒的好去處，《神保町書蟲》的作者池谷伊佐夫將神保町稱做是「古書的麥加」。神保町的舊書店歷史悠久，建築物也多老舊破敗，收藏的書籍多是文學、歷史等高深學問內容，年輕人現在比較沒有人到這裡找書，不過仍有許多中年人或資深長者到此遊逛，消磨假日時光；這些人在神保町遊逛，與其說是在找書，事實上，比較像是在尋找熟悉的味道，試圖在霉味與破敗的書堆中，找回舊日的記憶。小時候父親經常在週末假日，騎著腳踏車帶我到牯嶺街舊書店看書，似乎也是延續著他過去在東京神保町的習慣。

現在的上班族或年輕人已經不去神保町舊書店，因為現在各處都有連鎖經營的現代舊書店「BOOK OFF」，這裡的書籍雜誌不僅包羅萬象，同時也十分新穎，上市一、兩個禮拜的書籍或雜誌，已經出現在連鎖舊書店內。連鎖舊書店有一套選書的標準，較新的書籍可以直接上架，較破舊的書也會在書店員工的清潔整理下，以較光鮮亮麗的面貌現身。最令人感興趣的是，書店內都有一台磨砂機，店員會用這台機器磨去泛黃髒汙的書頁邊，讓整本書更加亮麗。

連鎖舊書店畢竟少了一種書香味與書店氛圍，我還是喜歡過去那種古味盎然

古書買入

的舊書店。中央線西荻窪、高圓寺等車站附近，這些年來出現了許多富特色的古書店，由於遠離首都圈精華地帶，因此在房租上比較沒有壓力，可以用較悠閒的方式經營古書店。這些古書店或窩居於高架鐵道下，或是直接開在社區民宅內，有的專營藝術建築書籍，有的專攻傢飾雜貨、烹飪園藝等主題，對愛書人十分具有吸引力！

古書店主人幾乎就是整個書店的靈魂人物，在這些個性化古書店中，可以看出古書店主人的喜好與性格。大部分的古書店老闆或老闆娘都是真正的愛書人，他們躲在書堆後方櫃臺，帶著深度的眼鏡，安靜地閱讀著；有些古書店會播放幽雅的古典音樂，讓整個古書店充溢在文藝氣息之中，流連於這些古書店中，實在是東京城市生活的一大享受。

中央線中野車站附近則是動漫迷的新據點，商店街中一棟大樓，整棟樓幾乎都被大大小小動漫玩具店所占據，猶如西門町的萬年商業大樓。大樓中有一處專門收購舊書、舊玩具、舊雜誌等等的櫃臺，有如超級市場的結帳櫃臺，會有專人為你估價收購你所帶來的舊書或舊玩具，在清潔整理之後，分門別類被放在不同的店面中出售。這種舊物回收的機制十分有效率，充分達到物盡其利的效果，也為城市拾荒者帶來一筆不小的財富。

OTOWA-KAN
古書音羽館

小江戶川越的脱逃日記

池袋偌大的車站中，其實不只是JR車站而已，整個站體建築內，還有地下鐵出入口、西武池袋線、東武東上線的車站。住在池袋大都會飯店，每天進出池袋車站，卻從來沒有搭過東武東上線，直到有一天，一張貼在池袋車站內的海報吸引了我，那是東武東上線的廣告海報，號稱只要半小時，就可以讓你逃離繁忙的現代東京，進入百年前的江戶浪漫世界！最奇特的是，東武東上線推出了一種PASS，不僅可以搭乘來回的電車，到川越市區還可以憑著PASS免費無限次搭乘川越市區的客運和觀光巴士，如此對於想要逛遊老街區的遊客而言，真的是非常方便！

被稱為「小京都」的城市很多，但是被稱為「小江戶」的城市，就只有川越。過去這座城市與江戶城同為重要城市，但是東京歷經關東大地震與二戰空襲之後，江戶時期的建築多已損毀，反倒是穿越這座城市，保留了許多江戶時期與大正時期的建築。

整條街道都是保存完整的江戶時期商店街，還有高聳的古代鐘塔，小巷子裡也充滿著幽古之情，令人十分驚喜！很難想像，從東京市區不到一個小時車程，竟然可以來到如此古意盎然的城市裡。我沿著古老商店街漫步，到處都販賣著與

七福神
七福神

當地特產番薯有關的商品，甚至有灑了金粉的番薯霜淇淋。我挑選了一家老屋咖啡館坐下休息，咖啡館建築立面是一座兩層樓的西洋古典建築，屬於大正浪漫時期的作品，我很喜歡大正時期那種和洋混合的趣味，那個西風東進所帶來的驚奇年代。咖啡館走的是英倫酒吧的風格，一樓有幾個座位居然是單獨面壁的座位，似乎是要人們來到咖啡館可以一個人安靜默想，相較於東京市區那些文青咖啡店，比較屬於「大人的場所」。

有趣的是，從咖啡館後面小門出去，連接的是一棟日式老房子，不是咖啡店，而是一家日式高級餐廳，有著自成一格的高雅日式庭園，可謂是別有洞天。

川越的老建築格局都不小，頗有商業大城的氣派，商業活動中心的巨大銀行柱式就讓人感受到這座城市過去的繁榮與貴氣。沿著大正浪漫大道漫步，又讓人陷入一種動畫電影中，那個屬於蒸汽龐克年代的氛圍裡。

川越還存在著一座古城，相傳當年建造城堡時，因為當地是沼澤地形，工程遇到許多困難。負責的官員晚上夢見沼澤的神明，神明告訴他以明天早上遇見的第一個人獻祭，就可以讓工程順利完成。想不到這位官員隔天早晨第一個遇見的人竟然是他自己的女兒，讓他十分為難。但是他女兒為了父親的工作，願意犧牲自己，最後終於讓川越城順利完工。

這座小江戶城川越，自此帶著淒美的色彩，特別是在初春陰雨的季節，美麗純白的櫻花飄落，整座城市似乎籠罩在一種哀怨的古典文學裡，讓人心酸感動！

川越是一座古城，同時保存著江戶時期的傳統建築，以及大正時期的西洋古典建築。

Zen 禪意空間

東京的避世茶屋

東京這座城市畢竟不像京都，處處充滿禪意與意境，這是一座多元豐富的城市，但是在忙碌中，東京人的心靈依舊渴望安靜與歇息，所以在東京市區尋覓，依然可以發現具有禪意的空間，讓繁忙的人們可以稍稍得到短暫的寧靜。

茶屋可說是日本人逃避世間戰亂煩擾的小小空間，茶聖千利休就曾說：「茶道就是要找回清閒之心。」在京都我們很容易找到安靜的茶屋，但是在東京除了喧鬧的咖啡館之外，要找到避世的茶屋似乎並不容易。

隈研吾的美術館茶屋

表參道走到底，就可以見到位於南青山，建築造型低調卑微的根津美術館，這座美術館是建築師隈研吾的作品，材質則以木、竹、石等天然材料來表現，呈現出一種安靜簡約的狀態，而不是當今世界各大美術館那種語不驚人死不休的誇張手法。

根津美術館最令人驚豔的，倒不是館內的收藏，而是其建築後方的庭園。樹林密佈的庭園，在東京寸土寸金的南青山地區，可說是不可思議的存在。奢華的庭園中，原本就有幾座木造傳統茶屋，但是我最愛的是，同樣位於庭園小坡上的美術館咖啡館（Nezu cafe），這座簡單的玻璃建築，明亮清淨，猶如現代的茶屋一般。

整個玻璃屋望出去就是濃密的樹林，讓人好像身處郊野的山林間，一面啜飲著咖啡；一面安靜沉思，讓人忘卻自己身在繁忙的東京市中心區。咖啡館的內部天花板是日本和紙所鋪設，天光透過和紙柔和地透進室內，讓人覺得寧靜與安祥。這是整個美術館中，我最喜歡，也花最多時間的地方。

很多人覺得去美術館是要去獲得知識，但是我卻覺得美術館是一個體驗美感的空間；在根津美術館中，我最大的收穫，就是得到了心靈安靜之美。

根津美術館
地址：東京都港區南青山6-5-1
電話：03-3400-2536
營業時間：10:00-17:00，每週一休
交通：從「表參道站」A5出口出來，步行約8分鐘

霍爾的水映之屋

東京幕張地區是新規劃的社區，美國建築師史蒂芬．霍爾（Steven Holl）在這裡設計了一整個街區的住宅空間，他的建築設計與規劃雖然是現代的，但是空間意境上卻是傳統日本的空間意境。

霍爾雖然是外國人，卻對日本文化多有涉獵。他的父親早年當兵駐紮日本，因此小時候霍爾經常看到許多父親從日本帶回來的事物，對日本文化耳濡目染，他本身也對「奧之細道」非常有興趣。所以當他設計幕張的社區公寓時，就將「奧之細道」的概念表現在社區開放空間裡，整個社區以四棟公寓大樓圍成中庭空間，走入其中，有如走進「奧之細道」。

他在社區開放空間裡設置了四間小屋，東邊小屋位於屋頂上，小屋傾斜的角度剛好正對太陽升起的位置，因此小屋又稱為「日昇之屋」；西邊的小屋則像是一座城門，也像是守衛室，是社區的管理警戒中心；南邊小屋又稱「憂鬱之屋」，依照日本人傳統，人死後要在家停屍一天哀悼，也讓親友可以聚集憑弔，但是現代住宅單元空間狹小，已經無法停屍供人哀悼，因此社區的人就可以利用南邊的「憂鬱之屋」來進行儀式；北邊的小屋位於中庭水池邊，其實就是一座現代版的茶屋，茶屋一部分懸於水池之上，藉著茶屋底部的玻璃窗，可以讓光線經

霍爾的「水映之屋」是現代版的茶屋，圖中前方是「水映之屋」，後上方是「日昇之屋」。

過水池，反射進入茶屋內，映照在茶屋的天花板上，呈現水波的紋路，因此這座茶屋被稱作「水映之屋」。

這樣的茶屋極富現代感，但是據說霍爾靈感源自於京都龍安寺的枯山水庭園，呈現出一種茶屋的神秘禪意。有趣的是，這樣一座現代茶屋竟然出自於一位外國建築師之手筆，令人敬佩，嘖嘖稱奇！

左圖：西邊小屋是守衛室，也像是整個社區的城門。
右圖：位於南邊的「憂鬱之屋」，即圖中的紅棕色小屋。

方丈記私記

日本中世是個地震、火災與戰爭頻仍的動亂時期，當時沒落貴族鴨長明感悟世界的動亂災變，隱居在方丈小屋中，觀看並記錄這個世界的動盪。當時京都也飽受五大災厄的悲慘境遇，天災不斷，隨處可見屍骨曝晒，《方丈記》揭示了人世無常、生存不易的現實，並且轉而過著隱士生活，清貧簡約，不與世爭；日本戰後廢墟中，民不聊生，小說家堀田善衛也寫下了《方丈記私記》，向中世尋求生存之道。

有趣的是，最近的日本人似乎也感悟到世事的無常，天災人禍的接連發生，因此又時常談起了《方丈記》。最特別的是，二〇一八年暑假備受矚目的越後妻有大地藝術祭，其中位於里山美館的特別企劃展，就是以「方丈記私記」為主題，要求參與競圖的藝術家、建築家們，以「方丈」（四帖半榻榻米）的空間，創造出不同的生活需求。

事實上，日本藝術大師杉本博司早就對於《方丈記》有過深刻的討論，在他的著作《直到長出青苔》一書中，就談到他親眼目睹紐約九一一恐怖攻擊事件，摩天大樓毀於一旦，人命如草芥，瞬間消失在煙灰中。因此他提到鴨長明的《方丈記》，問道：「人到底需要多少土地？」人一生努力賺取金錢，購買豪宅土地，到頭來只需要一塊小小的葬身之地而已。

如果能像鴨長明隱居方丈空間，若想去別的地方旅行，就將移動小屋移居他處；沒有財產，不會引起竊賊覬覦；沒有官祿，也不會招來人嫉妒，心無羈絆，坦率超然（日本這些年的天災人禍頻仍，的確也影響了房地產的購買意願）。

杉本博司的空間，讓人們在混亂的世代，有一個安靜清醒的心。

茶洒 金田中

「方丈記」這樣的清貧安樂思想，似乎對杉本博司帶來創作上的影響，他在二〇〇八年與建築家榊田倫之成立了「新素材研究室」，開始進行空間建築的研究；二〇一三年他在東京表參道設計了「究竟頂」與「茶洒 金田中」，那是一座位於華麗都會世界中的一處淨土，走進巨石堆砌的巷弄，充滿哲學趣味的「究竟頂」就掛在屋頂上。所謂的「究竟頂」是禪寺佛寺屋頂的形式，例如金閣寺第三層屋頂就被稱作是「究竟頂」。杉本博司曾經設計一座亮面不鏽鋼的「究竟頂」，安置在法國南部酒莊的藝術園區。不過在表參道的案子裡，他把「究竟頂」倒過來，吊在屋頂上，呈現尖端朝下的狀態，讓人感受到一種神秘的張力。

杉本博司對於巨石有種莫名的喜愛，他觀看過去日本歷史的城牆以及古墳，都有巨石的大量使用，例如大阪城的巨石城垣，便是採集自小豆島、犬島的巨石。杉本博司曾說，見到這些天然的巨石，「瞬間，我被巨石所征服。巨石釋放出強烈的磁力，讓我完全聽命於它，遵循它的意志」。從熱鬧的表參道進到巨石的巷弄，似乎是進入一個沉靜的古墓中，然後穿越時空，到達另一個靜謐的世界。

巷道的盡頭處，轉個彎，就可以看到隱藏在大樓後方的狹長茶屋，令人十分

要前往杉本博司設計的茶屋，必須經過尖銳的「究竟頂」，這也是杉本博司的作品。

驚豔！茶屋是狹長的，庭園也是狹長的，所有人在茶屋就坐在兩排階梯狀的座位上，看著長長的庭園，就像龍安寺方丈庭園的枯山水一般。有趣的是，茶屋內有一扇窗戶是朝內的，窗戶平時是關閉的，但是打開時，赫然就看見那座吊在屋頂上的「究竟頂」，好像某個空間數理方程式所構成的蟲洞，讓不同的空間連結在一起。

二〇一四年他在威尼斯展覽了玻璃茶屋「聞鳥庵」，同樣震驚了全世界，特別是特明玻璃圍成的方丈茶屋，似乎像是對極簡主義大師密斯（Mies van der Rohe）的玻璃屋致敬，凸顯了「少即是多」（less is more）的哲學意境。

坐在「茶洒　金田中」裡，忘卻表參道的繁華與虛浮，在這裡可以讓心靈回歸到最簡單的狀態，怪不得每天下午都有人躲到這裡，望著枯山水庭園發呆，讓自己煩亂的心情安靜下來，藉此重新充電。

茶酒　金田中
地址：東京都港區北青山3-6-1　オーク表参道大樓2樓
電話：03-6450-5116
營業時間：11:30-20:30
交通：從「表參道站」A1出口出來，即可看見

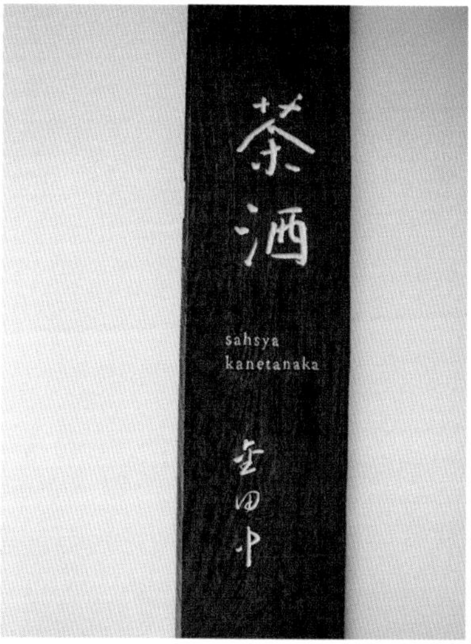

江之浦測候所

杉本博司的作品「江之浦測候所」，這座類似建築博物館的空間，並不稱作是博物館或美術館，而是稱之為「測候所」，意思是人在這座空間裡，可以藉著對於自然四季變幻的觀察（測候），重新去界定個人在宇宙中的意義與價值，可說是一座非常具有禪意的園區。

杉本博司在「江之浦測候所」中，也依照茶聖千利休的「待庵」茶屋模式，建造了一座「雨聽天」茶屋，茶屋望出去正好是春分秋分日出的方向，茶屋的入口前石階，採用光學玻璃材質，有如他在直島護王神社所建造的階梯一般；靠海邊懸崖上，杉本博司也建造了光學玻璃的硝子舞台，有如京都清水寺的懸造式舞台，眺望他兒時記憶中，搭乘湘南電車從熱海到小田原，穿越眼鏡隧道時，所看見的相模灣海景。

事實上，在這座園區中，有許多關於記憶的軸線，「夏至光遙拜藝廊」是一條望向夏至日出位置的長廊，藝廊上掛著杉本博司的《海景》作品，那是他記憶中的相模灣，在這裡記憶與現實相互交錯，長廊中的時光有如穿越時空的隧道。

「冬至光遙拜隧道」是一條古墓般的隧道，杉本博司一直對歷史上那些巨石構成的古墓感到震撼，隧道入口其實就是古墓般的入口意象，代表著冬日萬物的

江之浦測候所
地址：神奈川縣小田原市江之浦362-1
電話：04-6542-9170
營業時間：10:00-18:00，採預約參觀制
交通：從JR「根府川站」出口出來，搭乘免費接駁巴士約7分鐘
(巴士的班次、座位有限，可在申請入館時一同預約)

死寂，穿越隧道可以看到一口井，然後望見隧道盡頭冬至的日出，隧道盡頭無止盡地通向天邊，還好在這之間，放置了一顆「關守石」（stop stone），讓人無法在光線的吸引下，不知不覺地通向永恆或死亡。

杉本博司說：「我想做出一個遺跡，以毀滅後的美作為前提來設計建築。」他認為江之浦測候所是他人生集大成之作，幾千年後，即使設計者的名字被遺忘也好，「比起要讓世人知道建築師是誰，我只希望它就這樣靜靜地留在世上。」就這樣，所有日本歷史的建築特色，都在這裡被安靜地呈現出來。

我其實最喜歡「江之浦測候所」裡的「關守石」，那是一顆石頭綁上繩索，在昔日茶屋裡代表著「禁止進入」，不需要人出聲制止，也不需要煞風景的禁止標誌，那是一種寧靜自制的符號。這種寧靜、自制的心境，相信也是這個動亂無常的年代，世人所需要追求的境界。

後記—東京中途下車

讀完格雷安・葛林（Graham Greene）所寫的《沒有地圖的旅行》（*Journey Without Maps*）一書，二十世紀初的探索旅行名作。一個歐洲人試圖在那個年代，深入非洲內陸旅行，但是那裡根本沒有地圖記載，美國的軍隊地圖在那塊地方，根本是一片空白，空白上面寫著「食人族」三個字。

到一個沒有地圖的地方去旅行，充滿著令人好奇的憧憬，讓人有一種嚮往旅行的興奮心情。我必須承認，在這個資訊爆炸的年代，幾乎找不到一個地方是沒有資料了，所有的地方，在旅行之前都可以找到豐富的地圖資料與照片，所以現在的旅行已經沒有過去旅行的興奮心情，也沒有那種前往未知之地探索的期待感。

從某個角度來思考，我其實是羨慕以前的旅行探險家！

雖然沒辦法經歷昔日探險家那種沒有地圖的旅行，但是搭乘捷運「中途下車」，也可以帶來一種前往未知之地的興奮感。所謂的「中途下車」其實是仿效日本電視節目《途中下車》的作法，搭乘電車在不知名、不熟悉的陌生車站下車，然後懷著極大的好奇心去探索這個地方。

我喜歡在東京進行「中途下車」的城市冒險，搭上陌生的電車路線，讓電車帶我去不知名的地方，想像自己像是以前的非洲冒險家，前進地圖完全沒有記載的地方；或是像《星艦迷航記》裡的庫克船長，用傳輸器將自己「傳送」到未知的星球去。

東京蛛網似的鐵道系統，正是我的傳輸器，可以隨時將我「傳送」到陌生的地方，去體驗中途下車的奇妙探險歷程。因為經常到東京旅行，我開始固定住在熟悉的西池袋大都會飯店，喜歡住在這裡，一方面是因為飯店幾乎是與車站連接，交通非常方便，車站百貨店與附近餐飲店也很多，生活機能性強大；另一方面，西池袋大都會飯店附近有東京藝術劇場（音樂廳）、立教大學，以及自由學園明日館，文藝氣息濃厚，特別是因為附近有建築大師萊特的作品，飯店內裝也有意無意地走萊特風格，包括大廳的天花板以及柱子上的燈飾，都看得出是刻意仿造萊特的裝飾風格。

藉著便利的電車與雙腳的漫步，我可以在東京這座豐富多元的城市，進行城市漫步與觀察，看見許多一般觀光客未曾見過的神奇事物。東京的確是一座適合漫步的城市，昔日的永井荷風就喜歡天天在下町地區漫步觀察，品嚐老料理店的味蕾記憶；村上春樹在《挪威的森林》書中，也描述與直子的漫步，其實是走了很長的路徑，那感覺很像是台灣老歌〈中山北路走七遍〉。

我最喜歡的東京城市漫遊狀態，是比較接近班雅明「漫遊者」（flaneur）的定義，也就是不去迪士尼等觀光勝地，沒有既定目的地的遊走觀察，藉著漫遊對城市文化進行觀察省思。這樣的漫遊觀察，讓我所認識的東京與一般觀光客的認知，產生了極大的差異，這也是這本書所希望表達的。

「東京未來派 A to Z」書寫了超過十一萬字，加上圖片很多，最後不得已，總編輯決定分作兩本出版，一本書變成兩本書的份量，讓編輯工作十分繁重。我非常感謝編輯部的文娟、維君、多誠、麗玲、慧雯，特別是文娟雖然貴為總編輯，每次她總還是親力親為，仔細為我看稿，注視每一個小細節，力求完美的態度，令人感動！她們在這個電腦網路的時代，依然從事著腦力與眼力的傳統工作，跟一百年前的編輯其實沒有差多少，但是這樣的辛苦卻灌注了極大的心力與對書本的熱情。

這兩本書我也要特別感謝臨時被抓來救援的美編雷震宇，他是我以前研究所的指導學生，不僅會做建築設計、室內設計、電玩場景設計，這次特別請他跨刀設計封面與版型，結果並未讓我失望，封面設計讓大家驚豔不已！雷震宇是個溫柔的天才，編輯過程他與編輯部合作無間，一起在緊迫的時間內，達成了美好的任務。

編輯工作是十分令人敬佩的，因為正如韓劇《羅曼史是別冊附錄》內所說的：「從無到有的成就感、信念和幸福，就是創造一本書的意義。」

二〇一九年三月二日於陽台咖啡館

VOLKSWAGEN

TOYO

作家作品集 0088

東京未來派 2——都市偵探的東京漫遊 N to Z

作　　者—李清志
全書美術設計—雷震宇
美術設計協力—文皇工作室
主　　編—沈維君
編　　輯—林慧雯
責任企劃—金多誠
內頁排版—立全電腦印前排版有限公司

總 編 輯—曾文娟
發 行 人—趙政岷
出 版 者—時報文化出版企業股份有限公司
一〇八〇三 台北市和平西路三段二四〇號一～七樓
發行專線—（〇二）二三〇六六八四二
讀者服務專線—〇八〇〇二三一七〇五
（〇二）二三〇四七一〇三
讀者服務傳真—（〇二）二三〇四六八五八
郵撥—一九三四四七二四時報文化出版公司
信箱—台北郵政七九～九九信箱
時報悅讀網—http://www.readingtimes.com.tw
電子郵件信箱—ctliving@readingtimes.com.tw
時報出版臉書—https://www.facebook.com/readingtimes.fans
法律顧問—理律法律事務所　陳長文律師、李念祖律師
印　　刷—和楹印刷有限公司
初版一刷—二〇一九年三月二十二日
定　　價—新台幣四〇〇元
（缺頁或破損的書，請寄回更換）

時報文化出版公司成立於一九七五年，
一九九九年股票上櫃公開發行，二〇〇八年脫離中時集團非屬旺中，
以「尊重智慧與創意的文化事業」為信念。

東京未來派．2：都市偵探的東京漫遊N to Z / 李清志作．
-- 初版．-- 臺北市：時報文化，2019.03
面；　公分．--（作家作品集；88）
ISBN 978-957-13-7742-1(平裝)

1.遊記 2.日本東京都

731.72609　　108003173

978-957-13-7742-1（平裝）
Printed in Taiwan